# LE UNIFORMI MILITARI DELL'ARMATA SARDA 1840-1855

DA ANTICHE E RARE LITOGRAFIE DI
LORENZO PEDRONE E FRANCESCO GONIN
PUBBLICATE NEL 1844 E NEL 1855

SOLDIERSHOP PUBLISHING

**RINGRAZIAMENTI**
Uno speciale ringraziamento a Luigi Casali, grande collezionista e amico, per averci permesso la riproduzione di suoi libri e tavole. Per la parte testuale ci siamo in parte avvalsi dei nostri libri: L'esercito Piemontese alla vigilia della seconda guerra d'Indipendenza 1848-1859 (1) La fanteria e la cavalleria, editi da Soldiershop per la collana soldiers&weapons scritti da Andrea Melani.

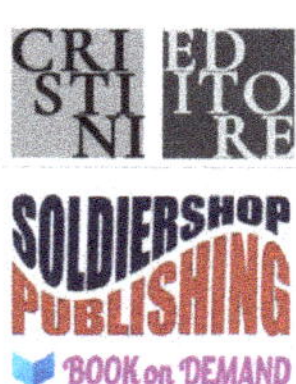


Title: **LE UNIFORMI MILITARI DELL'ARMATA SARDA 1840-1855 (SWU-800-015)**
Di Luca Stefano Cristini. Serie edit for the brand Soldiershop. First edition March 2019
Cover & Art Design: Luca S. Cristini. ISBN code: 978-88-93274326
Published by Luca Cristini Editore, via Orio 35/4- 24050 Zanica (BG) ITALY. www.soldiershop.com

# LE UNIFORMI MILITARI DELL'ARMATA SARDA 1840-1855

## I PIEMONTESI DALLA GUERRA DEL 1848 ALLA GUERRA DI CRIMEA

LUCA STEFANO CRISTINI

F Gonin dis. dal vero. 1849 | Proprietà artistica | Torino. Lit. Doyen e Comp

VITTORIO EMANUELE II,

*Re di Sardegna*

## I PIEMONTESI IN UNIFORME: DALLA PRIMA GUERRA D'INDIPENDENZA ALLA GUERRA DI CRIMEA

Le tavole presentate in questo volume provengono da due antichi e rarissimi volumi appartenenti a nostre collezioni e a quelle di nostri amici e collaboratori. Essi contengono alcune decine di tavole litografiche in grande formato splendidamente illustrate.

Il primo è opera di due insigni artisti contemporanei: Lorenzo Pedrone e Francesco Gonin e fanno riferimento all'esercito di Sua Maestà il re di Sardegna negli anni immediatamente precedenti la prima guerra di indipendenza del 1848. Si tratta di 30 tavole accompagnate a volte da cartigli indicanti alcune note uniformologiche.

L'edizione originale venne curata dall'editore Giovan battista maggi a Torino nel 1844, nel formato di album contenente tavole cromolitografiche della misura di 266 mm per 320mm in altezza.

Nella seconda parte invece presentiamo una raccolta di 20 tavole litografiche a cui sono state aggiunte 2 tavole di dimensione doppia al termine del volume, relative alla guerra di Crimea del 1854-55, alla battaglia della Cernaja e ai piemontesi sotto le mura di Sebastopoli. Ogni tavola è accompagnata da una nota didascalica descrittiva l'evento rappresentato. Le tavole sono tutte relative a eventi di guerra avvenuti sul campo di battaglia, vi sono ritratti eroi morenti, militari e scene d'insieme.

Questa seconda parte si avvale del volume: I Piemontesi in Crimea - stampato a Torino, sempre presso l'Editore Giovan Battista Maggi, provveditore di stampe di S.M. Databile intorno al 1855. Composto da 20 tavole litografiche a colori. Dimensioni 52 x 36 x 2 cm.

# INDICE

*

# LA REGIA ARMATA SARDA

La Regia Armata Sarda anche detta: Armata Sarda, Reale esercito Sardo-Piemontese, Esercito Sabaudo o semplicemente Esercito Piemontese) fu l'esercito del Ducato di Savoia prima e del Regno di Sardegna poi, attivo dal XVI-XVII secolo sino al 4 maggio 1861, data nella quale divenne nota col nome di Regio Esercito Italiano. Nella nostra pubblicazione ci occuperemo dell'esercito risorto dopo la parentesi napoleonica e fino alla conclusione della guerra di Crimea del 1855.
Con la restaurazione, Vittorio Emanuele I dal 1815 operò per ridare vita alla ricostruzione dell'esercito piemontese organizzandolo su 10 brigate di fanteria col supporto di cavalleria, artiglieria e genio, il tutto inquadrato in due grandi corpi d'armata ciascuno su 2 divisioni, oltre ad una divisione di riserva. Sotto il regno di Carlo Alberto poi e soprattutto sotto quello di suo figlio, Vittorio Emanuele II di Savoia, la regia armata sarda cambiò molti dei propri aspetti, ingrandendosi e aumentando anche la propria qualità e la propria forza. Nel 1858, appena prima della seconda guerra d'indipendenza italiana del 1859, venne varato un nuovo codice militare firmato dal sovrano che si proponeva innanzitutto di regolarizzare il periodo del servizio militare, portandolo a 5 anni di ferma più 6 di riserva fino ai 30 anni compiuti con 50 giorni l'anno obbligatori di istruzione ed allenamento. La ferma, inoltre, venne divisa in due specie, d'ordinanza e provinciale. La prima era destinata ai carabinieri reali, agli armaioli, ai musicanti, ai moschettieri ed ai volontari, mentre la seconda era applicata a tutti gli altri soldati con l'eccezione che questi ultimi, se promossi sottufficiali, erano obbligati a rimanere 8 anni alle armi (a meno che il governo non disponesse diversamente).
Con questa riforma vennero esclusi dal servizio militare i condannati ai lavori forzati, i condannati alla pena della reclusione o dell'esilio, i colpevoli di reati riferiti al codice penale, i condannati dai tribunali esteri a pene corrispondenti e neppure gli esecutori di giustizia come giudici o magistrati, né i loro figli, né i loro aiutanti, né i figli degli aiutanti.
L'esercito piemontese in questo periodo raggiunse la forza totale di 79.000 uomini circa di cui 22.000 ufficiali e 56.000 uomini della truppa oltre a circa 20.000 tra ufficiali e soldati dei corpi volontari. La chiamata e l'assegnazione avveniva per sorteggio ed era prevista la sostituzione dietro pagamento o con parente corrispondente. La ripartizione avveniva in base alle età ed i soldati più anziani e non analfabeti, fornivano i caporali e tra questi venivano scelti i sergenti in base al merito. Dopo l'unità d'Italia assunse la denominazione di *Regio Esercito*.

## ORGANIZZAZIONE

I soldati dell'esercito sardo avevano un'estrazione sociale composta per Il 65% da contadini E braccianti, il 25% erano operai e artigiani, mentre i restanti borghesi e aristocratici componevano in tutto solo il 10% del personale in servizio. Dal punto di vista culturale il 20% della truppa era analfabeta, per contro solo il 5% era dotato di un'istruzione superiore. Per contrastare questo stato deficitario, il governo piemontese promosse la creazione presso i reggimenti di scuole per soldati nelle quali si insegnava a leggere, scrivere e far di conto. Secondo i regolamenti del 1853 sappiamo che la paga del soldato medio in pace era di 15 centesimi, aumentati a 25 in caso di guerra, oltre all'assegnazione di una razione di pane, 830g di legna in estate e 1660g d'inverno (per i sottufficiali il doppio), oltre ad un sussidio giornaliero corrisposto alle eventuali mogli dei soldati e due razioni di pane al giorno.

## ORGANIZZAZIONE DELLA FANTERIA

La fanteria costituiva la base dell'armata sarda ed era al suo interno suddivisa in diverse tipologie: Fanteria d'ordinanza nazionale, legione leggera, fanteria d'ordinanza estera, fanteria provinciale, legione degli accampamenti, corpi franchi e milizia territoriale.

**Fanteria d'ordinanza nazionale**

era costituita da personale appiedato (fucilieri e granatieri) reclutato nei territori del ducato di Savoia ed era facilmente utilizzabile sul territorio. In tempo di pace il suo organico era composto da circa 20.000 unità, ma poteva raggiungere in caso di guerra l'ampiezza di 50.000 uomini.

**Legione reale leggera**

era una forza speciale costituita nel 1774 con il ruolo di guardia confinaria per reprimere il contrabbando e salvaguardare i confini dello stato. Il corpo era costituito in prevalenza da personale straniero o comunque non legato al territorio di modo da evitare favoritismi nei confronti della popolazione locale. Il totale degli uomini in servizio massimo in questo corpo era di 2.100. Al momento del passaggio al Regio Esercito italiano, tale corpo divenne l'attuale Guardia di Finanza.

**Fanteria d'ordinanza estera**

era composta da volontari arruolati provenienti da regioni o stati confinanti coi domini dei Savoia (si contavano francesi, svizzeri, valdesi, tedeschi, siciliani, lombardi). L'organico totale era composto da circa 1.270 uomini.

**Fanteria provinciale**

costituita all'inizio del Settecento, essa era un corpo a ferma prefissata di 20 anni ed era composto da personale non professionista. La ferma prefissata, venne ridotta in casi speciali per i savoiardi a 18 anni e per i nizzardi a 12 nel corso dell'evoluzione del corpo. Nel 1792 il contingente era composto da 20.774 uomini.

**Corpi franchi**

erano corpi comuni a molti eserciti del XVIII secolo come a quello prussiano o imperiale che prendevano il nome dal comandante che li manteneva ponendoli al servizio dello stato.

**Milizia territoriale**

era il corpo dei volontari reclutati su base parrocchiale o comunale che operava prevalentemente nelle regioni montuose e sulle Alpi oppure a sorveglianza di piccoli villaggi ed accampamenti nelle aree pianeggianti e collinari. Il corpo svolgeva anche operazioni di ricognizione ed esplorazione per l'esercito regolare.

Per migliorare le qualità operative del corpo di fanteria, venne predisposto anche in Piemonte un sistema di addestramento con campi d'istruzione che traevano spunto dai sistemi d'arme di Francia e Germania. Il principale di questi campi d'addestramento si trovava nel comune di Briga Alta ed era comandato da un Generale Ispettore.

## ORGANIZZAZIONE DELLA CAVALLERIA

La cavalleria sarda, molto apprezzata per il valore in combattimento, era interamente di estrazione nazionale. Distintasi largamente nel corso della Guerra di successione spagnola, la forza media disponibile era di 2.420 cavalieri in tempo di pace che potevano essere raddoppiati in periodo di guerra.

La cavalleria sarda includeva 3 corpi di guardie del corpo al servizio del sovrano (120 in tempo di pace e 260 in tempo di guerra) oltre a 6 reggimenti regolari tra i quali citiamo il "Piemonte reale" ed il "Savoia Cavalleria" che sono perdurati anche durante il Regno d'Italia e nella Repubblica Italiana poi.

Il 19 marzo 1852 venne applicato un riordino generale della cavalleria che culminò nella disposizione che segue:

4 reggimenti di cavalleria di linea (Nizza, Piemonte Reale, Savoia, Genova)
1 squadrone guide
5 reggimenti di cavalleggeri (Novara, Aosta, Saluzzo, Monferrato, Alessandria).

Ogni reggimento aveva uno stato maggiore, 4-6 squadroni attivi e 1 di deposito; ogni squadrone era costituito da 5 ufficiali, 6 sottufficiali, 2 trombettieri, 2 maniscalchi, 1 sellaio, 130 soldati e 100 cavalli.

## ORGANIZZAZIONE DELL'ARTIGLIERIA

L'artiglieria sarda era molto simile a quella francese, organizzata in brigate e dotata ciascuna di 4/6 pezzi che componevano un treno trascinato da 300 cavalli le cui armi venivano poi assemblate sul posto. L'artiglieria si divideva al suo interno in artiglieria da campagna e da montagna, oltre che da batteria (mortai e obici). Gran parte del personale d'artiglieria veniva reclutato nella provincia di Biella ove si trovavano anche le industrie produttrici delle armi stesse. In battaglia l'artiglieria veniva assegnata alla fanteria in cinque pezzi per brigata, mentre alla cavalleria ne venivano destinati 4 per ogni brigata.

## ORGANIZZAZIONE DEL GENIO

Il reggimento di zappatori ebbe sede a Casale Monferrato, ed era costituito da 2 battaglioni, ognuno formato da 5 compagnie, ognuna delle quali comprendeva: 4 ufficiali, 6 sottufficiali, 2 trombettieri, 88 uomini. Le compagnie venivano assegnate in vario modo alle divisioni ed erano dotate di diversi materiali da lavoro, telegrafici, ecc. Ai lavori del genio venivano interessate anche ditte civili.

## L'ARMAMENTO

I fanti erano armati essenzialmente con fucili a baionetta e con una daga trattenuta al corpo tramite un cinturone di cuoio da portare assieme alla bandoliera per il fucile. Gli ufficiali non avevano armi da fuoco, ma disponevano solo dell'arma bianca. Grandi evoluzioni in fatto di armamento si ebbero a partire dal 1773 quando la riduzione della lunghezza del fucile a retrocarica mod.52[1] assicurò alla fanteria sarda una maggiore potenza di fuoco rispetto a tutti gli altri eserciti della penisola italiana. Nuovi modelli di fucili comparvero nel 1844 con un primo tentativo di realizzare armi a percussione. La sostituzione però delle armi da fuoco con avviamento a pietra focaia venne completato solo nel 1859 con le più moderne armi ad accensione a capsula del tipo "Eggs". Tutti i fucili erano dotati di baionetta a sistema Laukart, ovvero con innesto avvolgente che non ostacolava lo sparo.

Parallelamente si sviluppò il **moschetto** il cui primo modello ottocentesco apparve nel 1833 modificato poi nel 1844 ad assomigliare sempre più ad un vero e proprio fucile da fanteria, ma con la differenza di essere più corto e maneggevole anche per la riduzione del peso.

La carabina era in prevalenza distribuita ai bersaglieri, ma era anche l'arma distintiva del corpo dei carabinieri.

Le pistole vennero assegnate all'armata sarda per la prima volta nel 1847 (anche se alcuni esemplari erano già in uso dal 1844). Tra queste pistole si distinguevano i pistoloni da cavalleria che ad ogni modo vennero sempre considerati armi ad esaurimento in quanto erano una via di mezzo insoddisfacente tra le pistole e i moschetti. Le pallottole in uso per pistole e pistoloni erano cilindrosferiche, cave e del diametro di 16.6 mm con una carica esplosiva di 2,5 g.

I cavalieri, sin dal Settecento, apparivano armati di carabine che avevano una notevole precisione a breve distanza. I cavalli utilizzati erano essenzialmente di colore baio importati dalla Germania e la loro età di servizio era tra i 4 ed i 6 anni (di questi 1/6 erano femmine). A partire dall'Ottocento quando venne introdotto il corpo dei carabinieri, essi divennero il corpo essenziale di cavalleria che si distinse in particolare nella Prima guerra d'indipendenza italiana con splendide cariche ad effetto con la sciabola sguainata. Si differenziavano notevolmente i dragoni che disponevano invece di fucili lunghi con baionetta pur conservando l'uso della sciabola come da tradizione.

Il cannone tipico dell'artiglieria dell'armata sarda fu il sagro a retrocarica mod.704, utilizzato regolarmente sino al 1848. L'artiglieria pesante era contraddistinta da cannoni lunghi (colubrine da 8-16-32 libbre) per controllare anche a lunghe distanze i luoghi essenziali di passaggio anche in montagna.

**Il personale**

**Sottufficiali**

I sottufficiali dell'armata sarda venivano tratti, in prevalenza, dai soldati d'ordinanza secondo il merito e le capacità. Una parte di loro veniva preparata dalle diverse scuole reggimentali, mentre l'altra parte veniva inviata alle scuole specializzate previste per il loro ramo. I sottufficiali che provenivano per diserzione dall'esercito austriaco (soprattutto durante la prima e la seconda guerra d'indipendenza italiana), venivano accettati con lo stesso grado e i soldati più anziani venivano promossi sottufficiali.

**Ufficiali**

La legge sullo stato degli ufficiali approvata il 25 maggio 1852 venne controfirmata da Vittorio Emanuele II. A quell'epoca il 20% degli ufficiali era di estrazione aristocratica e veniva assegnato per metà all'artiglieria, alla cavalleria, ai carabinieri ed alle forze del genio militare, mentre il restante 10% era destinato alla fanteria. I provenienti dal ceto borghese, invece, costituivano il 30% degli ufficiali in attività nei vari corpi e un terzo dei posti da sottotenente era riservato a quanti provenivano dai gradi da sottufficiali. Come per i sottufficiali, anche gli ufficiali che provenivano per diserzione dall'esercito austriaco (soprattutto durante la prima e la seconda guerra d'indipendenza italiana), venivano accettati con lo stesso grado.

Le promozioni avvenivano come segue:

1. Sottotenenti: 1/3 dai sottufficiali e 2/3 dalle accademie
2. Tenenti: in pace per anzianità, in guerra per 1/3 a scelta
3. Capitani: in pace per 1/3 a scelta, in guerra per 1/2 a scelta
4. Maggiori: in pace per 1/2 a scelta, in guerra solo a scelta
5. Da tenente colonnello compreso in su: solo a scelta, sia in pace che in guerra

**Cultura e studi**

Gli istituti di formazione per militari dell'armata sarda erano i seguenti:

1. Regia Accademia Militare, era la base di tutta l'istruzione militare con corsi della durata di tre anni ai quali venivano ammessi giovani che avevano già compiuto i 15 anni di età, cattolici e dotati del corredo previsto a loro spese. Per essere ammessi, inoltre, gli aspiranti dovevano avere un'altezza minima di 1,56 m.
2. Scuola complementare di artiglieria e genio, costituita da 2 anni complementari all'accademia
3. Scuola complementare di fanteria, per ufficiali e sottufficiali, che prevedeva 2 anni di corso e perfezionamento, dei quali il secondo poteva essere svolto anche presso la scuola di cavalleria
4. Scuola complementare di cavalleria, per ufficiali e sottufficiali, che prevedeva 2 anni di corsi e perfezionamento, accogliendo di norma giovani dai 19 ai 20 anni. Vi erano ammessi tutti i sottotenenti di prima nomina, tutti i tenenti in promozione e 80 sottufficiali per ogni corso.
5. Scuola per ufficiali dei bersaglieri, venne istituita nel 1852 a Genova in località Le Cave e frequentata, a turno, per brevi corsi.
6. Scuola di Stato Maggiore di Torino, per ufficiali prescelti a seguire i corsi per morale, cultura e fisico. I corsi avevano la durata di 6 mesi con esami finali di lingue, matematica, disegno topografico e disegno di fortificazioni.

# CORPI, ENTI E REPARTI DELL'ARMATA SARDA

Come la gran parte degli eserciti dell'epoca, l'Armata Sarda aveva una struttura organizzativa ripartita in Corpi di linea, Corpi ed enti speciali, scuole ed istituti di istruzione.
I Corpi di linea formavano la struttura portante dell'esercito. Ad essi era deputata la gestione di tutte le attività di carattere bellico che andavano dall'organizzazione dei reparti, all'addestramento delle truppe, alla conduzione di queste sul campo di battaglia. Erano essenzialmente basati sulle quattro armi fondamentali di un esercito dell'epoca ovvero la fanteria, la cavalleria, l'artiglieria e il genio. Nel nostro caso si aggiungevano anche i servizi logistici di trasporto rappresentati dal cosiddetto Corpo del treno d'armata (già treno di provianda ).
Questi Corpi erano poi organizzati in reparti di vario tipo il cui utilizzo era di tipo preminentemente tattico (brigate, reggimenti, battaglioni, compagnie, squadroni, gruppi, batterie).
Il Corpo di fanteria era a sua volta suddiviso in fanteria di linea e bersaglieri, che erano le specialità pricipali ed in corpi ed enti speciali come i Cacciatori franchi, il Battaglione d'amministrazione ed i Moschettieri della reclusione militare. Nella prima era inquadrata la maggioranza delle truppe a piedi con il compito di manovrare e combattere in masse compatte, formando la forza d'urto dell'intero esercito. La seconda inquadrava le truppe di fanteria leggera usate in reparti più snelli per l'appoggio alle truppe di linea per azioni veloci di disturbo, interdizione e ricognizione. Queste avevano sostituito i reparti cacciatori, le cui compagnie erano presenti in ogni reggimento di fanteria.
I Cacciatori franchi erano un reparto punitivo nato e strutturato tra il 1854 ed il 1856. Era composto da uno stato maggiore e da tre compagnie attive.
Del battaglione d'amministrazione abbiamo già parlato in precedenza.
I Moschettieri della reclusione militare, creati nel1853, avevano il compito della gestione amministrative e della custodia dei detenuti alla reclusione militare. Erano strutturati in uno stato maggiore ed in una compagnia attiva.

## CORPI DI LINEA E LORO SPECIALITÀ

Fanteria: Fanteria di linea, Bersaglieri, Cacciatori franchi, Battaglione d'amministrazione, Moschettieri della reclusione militare.
Cavalleria: Cavalleria di linea-Cavalleria leggera (cavalleggeri, guide).
Artiglieria: Artiglieria campale (da battaglia, da posizione, a cavallo) -Artiglieria da piazza. Inoltre aveva la rersonsabilità su vari stabilimenti di produzione, laboratori, una fonderia, polverifici ed una raffineria.
Genio
Treno d'armata

## CORPI ED ENTI SPECIALI

Regia segreteria di guerra e marina.
Stato maggiore delle piazze.
Corpo dei Carabinieri reali.
Corpo di Stato maggiore.

Corpo degli invalidi e dei veterani.
Reparti disciplinari.
Truppe della Real Casa.

## SCUOLE ED ENTI DI ISTRUZIONE.

Regia Accademia militare.
Scuola complementare per gli ufficiali di artiglieria e genio.
Scuola di fanteria.
Scuola di cavalleria.
Scuole reggimentali.
Collegi militari.
Battaglione dei figli dei militari.

## L'ORGANIZZAZIONE TERRITORIALE

In tempo di pace non esistevano grandi unità di manovra. Queste venivano costituite solo nel momento del bisogno.
Tutte le truppe erano inquadrate in una particolare organizzazione territoriale che le gestiva, le amministrava e le coordinava per particolari utilizzi nel campo dell'ordine pubblico.
Nel 1850 l'intero territorio del regno era suddiviso in otto **Divisioni Militari** rette da un tenente generale e dotate di un proprio Stato maggiore, il cui compito era quello di mettere in relazione il Ministero della Guerra e le truppe. Queste, a loro volta erano suddivise in **Comandi di fortezza, Comandi distrettuali di confine, Comandi di provincia**, anch'essi dotati di proprio stato maggiore, avevano il compito di permettere le necessarie relazioni tra l'esercito ed il paese, provvedere ai ruoli, alle chiamate ed alle rassegne ed al sevizio di piazza. Nel 1851 una divisione (Cuneo) venne sciolta mentre due (Nizza e Novara) passarono al rango di Sottodivisione, rette da un maggior generale. Al 1° gennaio 1859 i comandi territoriali delle truppe ivi stanziate risultarono così strutturati:

Divisione militare di Torino:
10 comandi provinciali (Torino, Alba, Aosta, Biella, Cuneo, Ivrea, Mondovì, Pinerolo, Saluzzo, Susa )
3 comandi di piazza (Fenestrelle, Exilles, Bard ).
Divisione militare di Chambery:
7 comandi provinciali (Chambery, Alta Savoia-Albertville, Genevese-Annecy, Faucigny-Bonneville, Tarantasia-Moutiers, Moriana-San Giovanni di Moriana, Chiablese-Thonon )
1comando di piazza (Lesseillon ).
Divisione militare di Genova:
7 comandi provinciali (Genova, Albenga, Bobbio, Chiavari, Novi, Savona, Levante-La Spezia-)
Divisione militare di Alessandria:
6 comandi provinciali (Alessandria, Acqui, Asti, Casale, Tortona, Voghera ).
Divisione militare di Cagliari:
11 comandi provinciali (Cagliari, Alghero, Cuglieri, Iglesias, Isili, Lanusei, Nuoro, Oristano, Ozieri, Sassari, Tempio )
3 di distretto (S. Antioco, Carlo Forte, isole San Pietro e Santa Teresa ).
Sottodivisione militare di Novara:
6 comandi provinciali (Novara, Ossola-Domodossola, Lomellina-Mortara, Pallanza, Valsesia-Varallo, Vercelli ).

Sottodivisione militare di Nizza:
3 comandi provinciali (Nizza, San Remo, Oneglia )
1comando di piazza (Ventimiglia ).

Nel caso di eventi bellici le truppe, dopo l'eventuale richiamo alle armi degli appartenenti alla seconda classe e dei riservisti, venivano organizzate in Divisioni operative da utilizzare nel teatro delle operazioni. Si trattava di grandi unità pluriarma cioè dotate di reparti dei vari corpi di linea in grado di operare autonomamente, ognuno dotato del suo proprio stato maggiore. Più divisioni venivano a formare l'Armata posta sotto il diretto comando del Re e di uno specifico stato maggiore.

## LA FANTERIA DI LINEA ED I BERSAGLIERI

### L'organizzazione dei Reggimenti della fanteria di linea e dei granatieri.

L'unità base dei reparti di fanteria era il **reggimento**. Dotato di un proprio stato maggiore, era costituito da **battaglioni** che rappresentavano l'unità tattica da combattimento e da un quadro di deposito che in caso di necessità si sarebbe attivato come battaglione operativo.
I battaglioni erano poi suddivisi in **compagnie**. Due reggimenti andavano a formare la **Brigata**, l'unità tattica più grande per l'arma di fanteria.
Ad esclusione di quelli che formavano la Brigata Guardie, che avevano la precedenza sugli altri, i reggimenti erano numerati progressivamente a partire da 1 secondo l'ordine di anzianità della loro formazione.
Con la chiamata alle armi delle classi di riservisti si venne ad attivare anche un V battaglione detto provvisorio formato solo da fucilieri.

Del tutto differente era l'organizzazione dei reggimenti scelti che andavano a costituire la cosiddetta **Brigata Guardie**. Con la mobilitazione generale si andarono a formare due reggimenti composti ciascuno da due battaglioni di granatieri e uno di cacciatori. L'organizzazione fu rivista nell'ottobre del 1848 a causa della forte rivalità tra le due specialità che aveva fatto nascere forti elementi di disturbo alla disciplina. La Brigata Guardie venne perciò ristrutturata e fu composta da due reggimenti di granatieri e uno di cacciatori. I drammatici eventi del 1848 e del 1849 ebbero come risultato un frenetico susseguirsi di provvedimenti riorganizzativi atti ad inquadrare la grossa mole di riservisti mobilitati e di volontari già inseriti nei reparti lombardi, modenesi o parmensi. La conseguenza fu un notevole aumento nel numero dei battaglioni (attivazione dei terzi e quarti battaglioni reggimentali di riserva e dei battaglioni di riserva) e dei reggimenti.

Alla fine della breve campagna del 1849 il corpo di fanteria di linea dell'Armata Sarda era così composto:
**Brigata Guardie-1° e 2° Reggimento Granatieri-Reggimento Cacciatori**
**Brigata Savoia-1° e 2° Reggimento fanteria di linea**
**Brigata Piemonte-3° e 4° Reggimento fanteria di linea**
**Brigata Aosta-5° e 6° Reggimento fanteria di linea**
**Brigata Cuneo-7° e 8° Reggimento fanteria di linea**
**Brigata La Regina-9° e 10° Reggimento fanteria di linea**
**Brigata Casale-11° e 12° Reggimento fanteria di linea**
**Brigata Pinerolo-13° e 14° Reggimento fanteria di linea**
**Brigata Savona-15° e 16° Reggimento fanteria di linea**
**Brigata Acqui-17° e 18° Reggimento fanteria di linea**

**I Brigata Lombarda-19° e 20° Reggimento fanteria di linea**
**II Brigata Lombarda-21° e 22° Reggimento fanteria di linea**
**I Brigata composta-24° e 25° Reggimento fanteria di linea**
**II Brigata composta-26° e 27° Reggimento fanteria di linea**
**III Brigata composta-30° e 31° Reggimento fanteria di linea**
**32° Reggimento Autonomo fanteria di linea**
**33° Reggimento Autonomo fanteria di linea**
**34° Reggimento Autonomo fanteria di linea**
**35° Reggimento Autonomo fanteria di linea**
**36° Reggimento Autonomo fanteria di linea**
**37° Reggimento Autonomo fanteria di linea**
**Divisione Provvisoria di riserva-3° Reggimento Granatieri Guardie, 28° e 29° reggimento fanteria di linea, 1° e 2° battaglione di riserva del 1° , 2° , 15° e 16° Reggimento fanteria di linea.**

I Reggimenti 19° , 20° , 21° , 22° , furono formati nel settembre del 1848 dagli elementi dei reparti costituiti dal governo provvisorio lombardo e riorganizzati in battaglioni alla fine della campagna.
I Reggimenti 28° , 29° , 30° , 31° , furono costituiti nel marzo del 1849 a partire dai Reggimenti Provvisori 5° , 6° , 7° , 8° , composti a loro volta dai primi e dai secondi battaglioni di riserva di alcuni dei primi Reggimenti originali.
I Reggimenti 32° , 33° , 34° , 35° , 36° , 37° , furono costituiti nello stesso periodo a partire invece dai quarti battaglioni dei primi diciotto Reggiment
Il 23° reggimento, uno dei primi a formarsi nel 1848 con elementi modenesi, parmensi e sardi, era sempre operativo. Nella battaglia di Novara, che sancì in modo drammatico la fine della campagna del 1849, era stato infatti aggregato, insieme al 17° Reggimento, nella Brigata Acqui. Il 18° reggimento, tradizionalmente legato a detta Brigata, era stato distaccato per la formazione della cosiddetta Brigata d'avanguardia.
Dal giugno 1849, con il licenziamento delle classi più anziane, iniziò la parziale smobilitazione dell'armata. Già nell'agosto tutti i reparti "provvisori" non esistevano più e l'arma di fanteria era tornata ad assumere la formazione che aveva all'inizio della campagna del 1848, ovvero 18 Reggimenti di linea e i Reggimenti delle Guardie. Unica eccezione fu il 23° reggimento che però licenziò tutti gli elementi modenesi e parmensi per sostituirli con altri ma piemontesi attribuitegli dalle altre Brigate. Fu però una breve vita operativa perché nel dicembre 1849 il Reggimento fu sciolto e parte dei suoi elementi distribuiti tra il 17° ed il 18° Reggimento di linea ed il rimanente (il 3° battaglione) utilizzato per la costituzione dell'8° battaglione bersaglieri. Inoltre furono abolite le compagnie reggimentali di cacciatori e granatieri sostituite da altrettante compagnie di fucilieri.
Nell'agosto del 1849 un reggimento di fanteria aveva la struttura, ancora molto simile a quella riscontrabile nel periodo bellico.
Con un Regio Decreto del 12 ottobre 1849, inserito nel quadro di un costante processo di semplificazione e di economizzazione post-bellica, la struttura reggimentale cambiò nuovamente sia per quanto riguardava i reparti di linea che per quelli della Brigata Guardie.
Attraverso la riduzione del numero dei battaglioni, la creazione di una compagnia deposito in sostituzione del battaglione e l'istituzione delle compagnie scelte il Reggimento era così strutturato:
Lo stato Maggiore Reggimentale era formato dal colonnello comandante e da un tenente colon-

nello, dai tre maggiori comandanti i battaglioni e da tre capitani aiutanti maggiori, dagli ufficiali e sottufficiali (capitano, tenenti, furieri e sergenti) che si occupavano del settore amministrativo, un tenente o sottotenente come ufficiale di massa, due furieri maggiori, da tre arcieri (che si occupavano della giustizia militare e dell'esecuzione delle pene corporali), dal cappellano, da tre chirurghi, da tre sottufficiali armaioli, da un capo sarto ed un capo calzolaio, tre vivandieri, da un reparto falegnami composto da un sergente, due caporali e dodici soldati, ventitre elementi del reparto musicanti, un sottotenente portabandiera ed altri ufficiali per un totale di 89 persone.
Ogni compagnia invece aveva un capitano, un tenente, due sottotenenti, un furiere, quattro sergenti, quattro caporali e quattro sottocaporali, due tamburini, due trombettieri (ma solo nelle compagnie scelte) ed ottantaquattro soldati. La Compagnia deposito reggimentale era formata da un capitano, un tenente, un sottotenente, un furiere, tre sergenti, un caporale furiere, sei tra caporali e sottocaporali, quattro caporali del reparto amministrazione, due tamburini e trenta militari di truppa.
Questa organizzazione sarebbe rimasta attiva fino al 1852 quando, con un Regio Decreto del 19 marzo, fu nuovamente modificata abolendo le compagnie scelte e la compagnia deposito ed istituendo un quarto battaglione. Le compagnie erano sempre quattro per battaglione ed avevano ancora numerazione progressiva.
Anche per quanto riguarda l'organico vi furono delle modifiche nate ancora all'insegna del risparmio e della semplificazione. Innanzitutto il reggimento poteva essere affidato al comando di un tenente colonnello e non solo di un colonnello e non vi era più un tenente colonnello come vice mentre i battaglioni restavano di responsabilità di un maggiore. Oltre a questi, lo stato maggiore reggimentale, comprendeva ora un solo tenente aiutante maggiore in prima e un tenente aiutante maggiore in seconda. La sanità reggimentale era ora di competenza di un medico di reggimento e di due medici di battaglione (due battaglioni erano senza medico), mentre diminuiva l'organico del reparto falegnami in cui si era avuta la soppressione della qualifica di sergente falegname ed i militari di truppa passavano da dodici a otto (praticamente due per battaglione). Il settore amministrativo era sempre composto da un tenente o capitano direttore dei conti, da un tenente o sottotenente come ufficiale d'amministrazione, da un tenente o sottotenente come ufficiale di massa, due furieri maggiori, un furiere d'amministrazione e tre sergenti d'amministrazione ma aveva ora anche tre caporali d'amministrazione e quattro caporali maggiori. Venivano ridotti a uno il sottufficiale armaiolo e a due i vivandieri, mentre i trombettieri diventavano otto. Scomparivano le qualifiche di caporale furiere e di arciere. Il resto rimaneva sostanzialmente invariato.
Le compagnie, ora tutte ordinarie, erano sempre agli ordini di un capitano, coadiuvato da un tenente, due sottotenenti, un furiere, quattro sergenti, otto caporali, un caporale con funzione di furiere. L'organico di truppa era formato da due tamburini, otto soldati scelti e cinquantadue soldati.
Risulta evidente la notevole di riduzione di organico. **Questa scelta era stata fatta al fine di avere a disposizione unità più snelle e quindi più facilmente comandabili**.
Le operazioni in Crimea portarono all'aumento del personale medico che passava a un medico di reggimento e a tre medici di battaglione in modo che ora ogni reparto avesse il proprio responsabile della sanità. Ogni battaglione ebbe un proprio aiutante maggiore, un ufficiale destinato a incarichi amministrativi, un proprio vivandiere ed alcuni soldati atti a ricoprire incarichi particolari e scelti per le loro capacità professionali (calzolai, sarti, attendenti per gli ufficiali, conduzione dei carri, conoscenza e confidenza con cavalli e muli).
Gli armaioli vennero riportati a due per reggimento.

Per quanto riguarda la Brigata Guardie un Regio Decreto del 1850 ne decretò lo scioglimento, sostituendola con una **Brigata Granatieri** basata su due reggimenti (numerati rispettivamente 1° e 2° ). Il Reggimento Cacciatori assunse la nuova denominazione di **Reggimento Cacciatori di Sardegna**. Il già citato R. D. del 1852, oltre a modificare l'assetto strutturale dei reggimenti ordinò anche lo scioglimento di quest'ultimo. I suoi effettivi vennero suddivisi tra i due reggimenti di granatieri con la conseguente costituzione di una nuova brigata di granatieri denominata **Brigata Granatieri di Sardegna**. I dati riportati si riferiscono alla consistenza dei reparti in tempo di pace ovvero compagnie di 80 militari (4 ufficiali e 76 tra sottufficiali e soldati) e reggimenti di 1355 uomini (79 ufficiali e 1276 tra sottufficiali e soldati). In tempo di guerra, grazie alla mobilitazione delle riserve della I e, in parte, della II categoria, tali cifre sarebbero aumentate portando un reggimento a schierare una forza di 2798 uomini (di cui 81 ufficiali e 2717 tra sottufficiali e soldati di truppa) composta da 4 battaglioni di 679 uomini (di cui 19 ufficiali) ognuno dei quali era basato su 4 compagnie di 169 uomini (4 ufficiali). Un'ultima riorganizzazione si ebbe nel gennaio del 1859.
L'imminente scoppio del nuovo conflitto con l'Austria portò alla ricostituzione di un deposito da istituire presso ciascun reggimento in modo da far fronte all'arrivo dei richiamati. Questo, come vedremo, non avrebbe seguito il reggimento mobilitato ma sarebbe stato concentrato, insieme ad altri, in località "strategiche" in modo da facilitare il loro raggiungimento da parte dei richiamati. Qui sarebbero stati vestiti, equipaggiati ed istruiti adeguatamente prima di essere assegnati al reparto operativo. Fu basato su uno stato maggiore (con struttura e composizione simile a quella reggimentale) soprasseduto da un maggiore comandante il deposito e coadiuvato da un tenente o sottotenente aiutante maggiore in 1° e su due compagnie. Con il procedere della guerra e con l'inizio delle operazioni di chiamata alle armi per gli apparteneti alla II categoria queste passarono a tre all'inizio di giugno e a quattro il 21 dello stesso mese facendo raggiungere al reparto la consistenza di un battaglione.

Allo scoppio della guerra con l'Austria le Brigate ed i reggimenti operativi erano i seguenti:
**Brigata Granatieri di Sardegna-1° e 2° Reggimento Granatieri**
**Brigata Savoia-1° e 2° Reggimento fanteria di linea**
**Brigata Piemonte-3° e 4° Reggimento fanteria di linea**
**Brigata Aosta-5° e 6° Reggimento fanteria di linea**
**Brigata Cuneo-7° e 8° Reggimento fanteria di linea**
**Brigata La Regina-9° e 10° Reggimento fanteria di linea**
**Brigata Casale-11° e 12° Reggimento fanteria di linea**
**Brigata Pinerolo-13° e 14° Reggimento fanteria di linea**
**Brigata Savona-15° e 16° Reggimento fanteria di linea**
**Brigata Acqui-17° e 18° Reggimento fanteria di linea**

## GRADI, INCARICHI E SERVIZI NELLA STRUTTURA ORGANIZZATIVA REGGIMENTALE

All'interno della struttura reggimentale era fissata una precisa progressione dei gradi secondo quest'ordine:
1) Truppa.
2) Graduati: caporale maggiore, caporale;
3) Sottufficiali (o bassi ufficiali): furiere maggiore, furiere, sergente;
4) Ufficiali inferiori: sottotenente, tenente, capitano;
5) ufficiali superiori: maggiore, tenente colonnello, colonnello.

Ad ogni grado era ovviamente assegnato un preciso incarico, per esempio;

il **COLONNELLO** era il comandante del reggimento ed aveva la responsabilità di controllo sull'attività operativa, amministrativa e sugli aspetti della vita quotidiana dell'unità (vigilanza sulla condotta morale, stato igienico-sanitario, istruzione, permessi ecc. ). Rispondeva al Maggiore generale comandante della brigata a cui mandava periodici rapporti. Aveva alle sue dipendenze, per lo svolgimento di tutte queste mansioni, uno Stato Maggiore Reggimentale inserito nell'organico del primo battaglione in cui erano inquadrati vari ufficiali (il tenente colonnello, il maggiore responsabile dell'amministrazione ed i maggior comandanti dei battaglioni, l'aiutante maggiore, gli ufficiali d'amminisrazione, il cappellano, gli ufficiali medici) sottufficiali ed uomini di truppa.
Il **TENENTE COLONNELLO** era il vice (aveva la responsabilità del reggimento quando il comandante era assente) ed anche il segretario del colonnello e lo aiutava nei suoi compiti oltre a poter comandare uno dei battaglioni. Aveva la responsabilità dell'istruzione dell'intero reggimento. Con le riforme del 1852 scomparve la sua funzione di vice potendo diventare egli stesso comandante di reggimento.
Il **MAGGIORE** aveva vari incarichi. Era un maggiore il comandante del battaglione ed uno di questi aveva anche le funzioni di direttore del servizio amministrativo presiedendo il consiglio di amministrazione del reggimento (quando furono ricostituiti diventò anche comandante del battaglione deposito) con responsabilità di controllo sul suo personale, sulle infermerie e sulle strutture di casermaggio e di magazzino. In questa attività era coadiuvato da un aiutante in 1° (capitano poi tenente) che aveva la responsabilità di controllo su vari aspetti, anche quotidiani, della vita del reggimento o del battaglione. Aveva la responsabilità su ben 27 registri, sul controllo della regolarità delle forniture del materiale per vitto e alloggio e sulla loro distribuzione alle singole compagnie. Aveva anche il compito di prendere in consegna la caserma e di restituirla nel caso in cui il reparto fosse trasferito. Questo era a sua volta coadiuvato da un aiutante maggiore in 2° (capitano poi tenente). Comunque fino al 1852 ogni maggiore aveva a disposizione un capitano aiutante maggiore. Successivamente questi furono eliminati dall'organico dello stato maggiore e ci fu un solo aiutante maggiore per il disbrigo dei servizi amministrativi.
**CAPITANO** era il grado di chi comandava le compagnie ed in esse aveva la responsabilità del plotone istruttori, dell'armamento, del vestiario, dell'equipaggiamento, degli arredi e degli alloggi, della disciplina, del controllo del rancio e della burocrazia amministrativa (aveva la responsabilità su ben 17 registri !). Capitani erano anche alcuni ufficiali ascritti allo stato maggiore con responsabilità amministrative.
Il **TENENTE** era l'assistente nella compagnia del capitano e, oltre a comandare il primo plotone e la prima squadra, era responsabile dell'istruzione delle reclute.
Il **SOTTOTENENTE**, presente in numero di due per compagnia, era l'ufficiale più giovane ed aveva il compito di assistere i suoi superiori. Nella compagnia il più anziano comandava il secondo plotone el terza squadra l'altro la seconda squadra.
Il **FURIERE MAGGIORE** era il primo sottufficiale del reggimento ed aveva varie responsabilità nel settore amministrativo, nei turni di servizio, nel controllo dello stato di forza delle compagnie e sull'istruzione del reggimento. Infatti era richiesto che sapesse leggere e scrivere. Era ascritto nei quadri dello stato maggiore.
Il **FURIERE** aveva la responsabilità su tutti gli aspetti della vita della compagnia dalla distribuzione del soldo al vitto e l'alloggio. Era il diretto superiore di tutti i sottufficiali di una compagnia.
Il **SERGENTE**, presente in numero di quattro per compagnia, era il responsabile dell'istruzione dei

soldati. Il più anziano era il comandante della quarta squadra del plotone.
Il **CAPORALE MAGGIORE** era l'aiutante del furiere maggiore.
Il **CAPORALE** aveva responsabilità, oltre all'istruzione dei suoi soldati, anche per quanto riguarda la distribuzione del pane ed il ritiro dell'abbigliamento sporco. Un caporale era anche comandato giornalmente a dirigere il servizio di cucina della compagnia coadiuvato da due militari di truppa.
Facevano parte dell'organico dello stato maggiore reggimentale anche altre figure tra le quali ricordiamo: il **CAPPELLANO** che si occupava del sostegno spirituale e fungeva anche da ufficiale di stato civile, il **CHIRURGO** (poi **MEDICO DI REGGIMENTO e DI BATTAGLIONE**) che aveva la responsabilità del personale e del materiale sanitario, il **SOTTOTENENTE PORTABANDIERA**, scelto tra quelli più anziani delle compagnie, aveva la responsabilità della bandiera del reggimento e poteva, se richiesto, esser d'aiuto all'aiutante maggiore in 1°, il **TAMBURO MAGGIORE**, il **CAPO MUSICA** ed i **MUSICANTI**, il **VIVANDIERE** gestiva la cantina del reggimento, i **CAPI OPERAI**, che erano civili militarizzati dipendenti dall'ufficiale di massa, dirigevano il lavoro degli operai nei vari settori (armaioli, sarti calzolai). Altri ufficiali, importanti a livello amministrativo, come il **DIRETTORE DEI CONTI**, di solito un capitano incaricato di tenere i registri contabili e di istruire e controllare l'operato amministrativo dei furieri nelle singole compagnie e **l'UFFICIALE DI MASSA** generalmente un tenente, responsabile della distribuzione, la sostituzione, il ritiro, la riparazione e la confezione del vestiario e dell'equipaggiamento, operavano invece presso il **battaglione deposito** che rappresentava la struttura logistica più importante a livello reggimentale. Questo, che aveva un suo stato maggiore ed un suo organico, era responsabile di importanti attività come l'addestramento delle reclute, il reinserimento operativo dei richiamati, il rifornimento di quadrupedi e dei materiali ai battaglioni operativi. Di solito rimaneva nella sede stanziale del reggimento o comunque veniva trasferito lontano dalla zona di operazioni.
L'organo direttivo ed amministrativo più importante del reggimento era il **CONSIGLIO DI AMMINISTRAZIONE**. Aveva la responsabilità del "governo economico" del reggimento e della conservazione, mantenimento e distribuzione del materiale e operava presso il battaglione deposito. Di questo facevano parte ufficiali dello stato maggiore reggimentale come il colonnello comandate (che lo presiedeva) e dello stato maggiore del deposito come il maggiore comandante dello stesso, il direttore dei conti ed altri ufficiali del settore amministrativo. In caso di guerra e conseguente separazione tra reparti operativi ed il deposito si formavano dei consigli di amministrazione "provvisori" presso le unità in campagna.
Un'organizzazione di questo tipo, oltre ad essere comune con i battaglioni bersaglieri che però avevano un unico stato maggiore a livello centrale dal quale dipendevano battaglioni sparsi sul territorio ed aggregati alle brigate di fanteria, era simile anche alle unità di altri corpi (es. cavalleria, artiglieria) che naturalmente avevano loro peculiari caratteristiche dovute al ruolo svolto ed all'impiego sul campo.

## L'ORGANIZZAZIONE DEI BATTAGLIONI DEI BERSAGLIERI.

Nel 1849, prima dello scoppio delle nuove ostilità con l'Austria il corpo dei Bersaglieri, nato nel 1836 su iniziativa di Alessandro la Marmora **(fig. 20)**, era strutturato su 5 battaglioni, organizzati ciascuno su quattro compagnie ed aggregati secondo le necessità ai vari reparti di fanteria di linea, da uno Stato Maggiore e da una compagnia deposito generale. Oltre ai battaglioni formatisi nei primi anni di vita del Corpo (1° e 2° ), in cui erano stati incorporate nel 1848 le formazioni volontarie come i Bersaglieri Mantovani (nel 2° ) ed i Bersaglieri Parmensi (nel 1° ), c'erano anche quelli nati prima della campagna del 1849 (3° , 4° e 5° ) ed i battaglioni ottenuti incorporando i volontari lombardi (6°

battaglione) e trentini (7° battaglione).
All'indomani della conclusione dell'infausta campagna del 1849, a causa delle numerose perdite, le pesanti clausole armistiziali, i congedi e la perdita del 6° e del 7° che avevano preferito finire la loro storia in difesa della Repubblica Romana, il corpo si trovava in una condizione di grande difficoltà.
Per questo lo Stato Maggiore, ormai consapevole dell'importanza dell'impiego del Corpo, dette il via ad una intensa attività di addestramento di nuovi soldati ed ufficiali e, con il Regio Decreto datato 14 dicembre 1849, stabilì anche la nascita di altri tre nuovi battaglioni. Per questo furono utilizzati gli elementi del terzo battaglione del 23° regggimento fanteria di linea che andarono a costituire il nuovo 8° battaglione bersaglieri. Il primo e secondo battaglione di tale reggimento, passarono invece alle dipendenze rispettivamente del 17° reggimento fanteria, il cui terzo battaglione dette origine al 6° battaglione bersaglieri, e del 18° fanteria che destinò gli elementi del suo terzo battaglione alla costituzione del 7° battaglione bersaglieri. Si stabilì inoltre che a questi si aggiungessero 75 uomini tratti da ciascun reggimento di fanteria di linea (ad eccezione, per motivi logistici, del 10° , 15° e 16° ). Il numero delle compagnie così formatesi fu tale da permettere anche la costituzione di un altro nuovo battaglione, il 9° (R. D. del 1 marzo 1850). Successivamente, utilizzando elementi anziani provenienti da altri reparti e volontari, si decretò la nascita del 10° battaglione (R. D. del 19 marzo 1852).
L'accresciuta forza del corpo e la conseguente dispersione territoriale rese necessaria la creazione di una struttura atta al controllo e la supervisione, per questo vide la luce nel giugno1856 l'Ispettorato Generale affidato al generale Cialdini.
Nel marzo del 1859, all'indomani del nuovo conflitto, l'arrivo dei richiamati e di un gran numero di volontari, portò alla costituzione di altre 5 compagnie deposito facendo si che l'organico del corpo, posto agli ordini del colonnello di Saint Pierre, fosse così rappresentato: uno Stato Maggiore, 6 compagnie deposito, 10 battaglioni di 4 compagnie ciascuno. Queste erano numerate progressivamente ed in maniera sequenziale.
Il grande afflusso di volontari portò, nel giugno 1859, a guerra già iniziata, alla formazione di altre 4 compagnie (41, 42, 43, 44) riunite nell'11° battaglione che fu costituito ad Alessandria al comando del maggiore Lanzavecchia di Buri che proveniva dai granatieri. Quest'unità, inviata a Modena, non fece in tempo a partecipare agli eventi bellici a causa della firma dell'armistizio.
Allo stesso tempo venivano costituite altre dieci compagnie deposito.
Per quanto riguarda l'organico, lo Stato Maggiore del Corpo era affidato ad un colonnello comandante coadiuvato da un tenente colonnello. Da questi dipendevano gli ufficiali (capitani, tenenti, sottotenenti) e i sottufficiali (furieri e sergenti) che si occupavano del settore amministrativo, il cappellano, un medico di reggimento, un sergente trombettiere, un caporale armaiolo, un caporale sarto ed un caporale calzolaio per un totale di 27 uomini.
Lo stato maggiore del battaglione comprendeva il maggiore comandante, un tenente aiutante maggiore, un medico di battaglione, un furiere maggiore, un sergente d'amministrazione, un caporal maggiore, un sergente trombettiere, un armaiolo ed un vivandiere per totale di 9 uomini.
Ogni compagnia attiva era formata da un capitano, due tenenti, due sottotenenti, un furiere, quattro sergenti, un caporale trombettiere, un caporale furiere, dieci caporali, settantasei bersaglieri.
Le compagnie deposito avevano in forza un tenente, due sottotenenti, un furiere, due sergenti, un caporale furiere, quattro caporali e trenta bersaglieri.
In tempo di pace la forza di una compagnia era quindi di 98 uomini. Con il completamento degli organici in tempo di guerra, grazie alla mobilitazione delle riserve, questa passava ad un totale di 169 uomini permettendo al battaglione di raggiungere la forza prevista di 695 soldati.

## L'ORGANIZZAZIONE DEI REGGIMENTI DI CAVALLERIA DI LINEA E DEI CAVALLEGGERI DAL 1849 AL 1859.

**La struttura reggimentale, gradi, incarichi e servizi**

Il Regio Decreto del 1850 modificò la struttura dei reggimenti risalente al novembre del 1841.
Ne fu introdotta una più snella basata su uno stato maggiore, quattro squadroni operativi e uno con funzioni di deposito, comune sia per i reggimenti di linea sia per quelli di cavalleggeri. Ogni squadrone era suddiviso in due sezioni, a loro volte ripartite in due plotoni ciascuno su due squadre.
Ogni reggimento era comandato da un colonnello sul quale convergevano un gran numero di doveri e incombenze di carattere operativo, disciplinare e addestrativo oltre al compito di tenere il contatto con tutti gli organi superiori. Nella sua attività, il comandante, era coadiuvato dallo **stato maggiore reggimentale**, in altre parole da un insieme di uomini di vario grado e incarico di cui si avvaleva per svolgere i suoi compiti. Questo era composto, oltre che dallo stesso colonnello, da: un maggiore, un capitano con funzione di ufficiale d'amministrazione, un tenente aiutante maggiore in I, un sottotenente aiutante maggiore in II, un tenente o un sottotenente con funzione di ufficiale pagatore, un tenente o un sottotenente con funzione di ufficiale d'amministrazione, un cappellano, un medico di reggimento e un medico di battaglione, un veterinario in I e uno in II, un furiere maggiore, un sergente d'amministrazione, un trombettiere maggiore (che, dal punto di vista gerarchico, era parificato al grado di furiere e, dopo dieci anni di servizio, a quello di furiere maggiore), cinque capi specialisti (sarto, sellaio, morsaio, che nei reggimenti di cavalleria aveva funzioni di armaiolo, calzolaio e maniscalco, tutti parificati al grado di sergente), un caporale trombettiere, otto trombettieri musicanti, un vivandiere.
Il **maggiore** aveva la responsabilità di tutto il settore amministrativo e della contabilità (dai registri al personale), del controllo delle infermerie, delle scuderie, della caserma in genere e sul materiale di magazzino. Nella sua attività era coadiuvato dall'**aiutante maggiore in I**, in questo caso un tenente che aveva un gran numero di responsabilità tra cui la tenuta di tutti i registri contabili, compreso quello inerente alla situazione graduale e numerica del reggimento, quello del pane, dei materiali di casermaggio, del foraggio, della paglia e della legna, insieme ai buoni per il loro approvvigionamento. Egli teneva i rapporti con gli impresari civili addetti alla fornitura dei materiali di casermaggio (dalla legna alla paglia, dai combustibili ai foraggi e alla biancheria), controllava i sottufficiali, trasmetteva gli ordini superiori agli squadroni, supervisionava l'attività della caserma e l'addestramento delle reclute. Quando il reparto si trasferiva, era colui che prendeva in consegna l'intera caserma ed era coadiuvato nella sua complessa attività **dal sottotenente aiutante maggiore in II**, dal **furiere maggiore** (il primo sottufficiale del reggimento) che si occupava dei registri di contabilità, dei turni di servizio e dello stato degli squadroni nonché della sorveglianza dell'istruzione reggimentale e dal **sergente d'amministrazione**.
La composizione di ogni **squadrone attivo** era: un capitano comandante, due tenenti di I o II classe, due sottotenenti, un furiere, sei sergenti, un caporale furiere, dieci caporali, otto appuntati, due allievi trombettieri (dal 1856 denominati trombettieri di I e II classe), un maniscalco e un allievo maniscalco, un sellaio, centodieci soldati.
Il **capitano**, oltre a comandare lo squadrone, era responsabile della sua amministrazione e del benessere della truppa tramite il controllo effettuato sulla regolarità delle distribuzioni sia in denaro sia in effetti o in viveri. Era responsabile dell'efficienza, della conservazione dell'equipaggiamento e delle

armi ed era coadiuvato nel comando dei plotoni dai **tenenti** e dai **sottotenenti**. Il **furiere** era il primo sottufficiale dello squadrone e si occupava, coadiuvato dal **caporale furiere** (almeno fino al 1852 quando fu abolito il grado), di molti aspetti della vita quotidiana dell'unità, dalla distribuzione della paga e del pane al controllo periodico di tutta l'attrezzatura di casermaggio assegnata allo squadrone. I **sergenti** erano i comandanti dei plotoni sotto il controllo dell'ufficiale competente e avevano la responsabilità dell'addestramento. I **caporali** comandavano le squadre, si occupavano dell'addestramento, della distribuzione del pane, del ritiro dei panni sporchi da passare in lavanderia.

Lo **squadrone deposito** era formato da: un capitano comandante, un tenente, un sottotenente, un furiere, due sergenti, cinque caporali, dieci soldati più sellai e maniscalchi. Quest'unità non si occupava solo dell'inserimento operativo dei richiamati e dell'addestramento delle reclute e dei cavalli, ma anche della fornitura e della distribuzione dell'equipaggiamento, dei materiali, degli arredi e di tutti i quadrupedi necessari alle unità operative. In tempo di pace si trovava nella sede stanziale del reggimento. Qui rimaneva anche in caso di guerra, al massimo spostandosi in località "strategiche", ma sempre lontane dalla zona di operazioni. Presso il deposito operava il **consiglio di amministrazione** che aveva la responsabilità del "governo economico" del reggimento ovvero di tutto il denaro a disposizione, della conservazione, mantenimento in buono stato e distribuzione del materiale inerente a uomini e cavalli. Di questo faceva parte, oltre al comandante del reggimento (quando era in sede), il **direttore dei conti**, ufficiale incaricato di tenere i registri contabili dedicati ai vari capitoli di bilancio e di supervisionare l'attività amministrativa dei furieri dei singoli squadroni e **l'ufficiale di massa**, di solito un capitano, responsabile della distribuzione, la sostituzione, il ritiro, la riparazione e la confezione del vestiario e dell'equipaggiamento. Da lui dipendevano tutti i capi operai. Nel reggimento in zona di operazioni o nel caso di distaccamenti di almeno due squadroni, al posto del deposito, doveva essere costituito un "**consiglio eventuale**".

Non tutto il personale del reggimento era montato. I capi specialisti dello stato maggiore e gli specialisti di squadrone, i medici e il veterinario in II, il cappellano, il vivandiere, alcuni addetti ai servizi amministrativi e una certa aliquota di soldati (circa trentadue per squadrone) svolgevano il servizio a piedi. Escludendo quelli degli ufficiali ogni squadrone aveva a disposizione cento cavalli.

Nella scala gerarchica del reggimento, dopo che nel 1850 i gradi di maresciallo d'alloggio e di brigadiere furono sostituiti rispettivamente con quelli di sergente e caporale, i graduati, in altre parole il livello superiore ai soldati semplici, erano rappresentati dai caporali. Esisteva però anche una posizione intermedia rappresentata dall'appuntato, una sorta di soldato scelto, o di I classe, caratteristico dell'Arma di cavalleria. Al di sopra del caporale si trovavano i sottufficiali ovvero i sergenti e i furieri. Per essere promossi a caporale i soldati dovevano avere almeno un anno di anzianità, dovevano saper leggere, scrivere e far di conto ed essere stati ammessi alla I classe della scuola di squadrone. Le successive progressioni di grado avvenivano sempre considerando almeno un anno di anzianità nell'incarico precedente, le capacità di comando, l'attitudine all'istruzione delle reclute o la possibilità di svolgere lavori contabili e amministrativi. Erano naturalmente i comandanti di squadrone a stilare le liste dei militari da promuovere che venivano poi sottoposte al controllo del comandante del reggimento per l'approvazione. Gli appuntati erano direttamente nominati dal colonnello su segnalazione del comandante di squadrone. Per gli ufficiali le procedure erano molto più complesse e regolate da specifiche norme che gli interventi legislativi del 1852,1853, 1854 e 1855, avevano modificato e migliorato. In pratica i posti da sottotenente erano sempre riservati per 1/3 ai sottufficiali dell'arma (non più dello stesso reggimento) mentre i restanti per gli ufficiali provenienti dall'accademia. La nomina a tenente avveniva, in tempo di pace, per anzianità mentre in tempo di guerra era di 1/3 per scelta e 2/3 per anzianità ed interessava in ambedue i casi tutti i sottotenenti dell'arma senza dare priorità ad appartenenti allo stesso reggimento. I capitani, in tempo di pace, erano nominati 1/3 per scelta e 2/3 per anzianità, mentre in tempo di guerra, erano nominati metà per scelta e metà per anzianità ma sempre per arma senza dare priorità ai tenenti del reggimento. I maggiori erano invece nominati da capitani di tutte le armi metà a scelta e metà per anzianità. I tenenti colonnelli e i colonnelli erano sempre nominati per scelta tra ufficiali di grado immediatamente inferiore e appartenenti a tutte le armi. Era inoltre previsto un periodo minimo di permanenza nel grado per avere la promozione a quello successivo. Un sottotenente doveva aver compiuto diciotto anni e avere alle spalle almeno due anni di servizio da sottufficiale, un tenente, un capitano, un colonnello due anni che diventavano tre per un tenente colonnello e quattro per un maggiore.

## LE SEDI DI REGGIMENTO, CENNI SULLA VITA DI CASERMA, L'ALLOGGIO, IL VITTO, IL TRATTAMENTO ECONOMICO.

Le sedi delle guarnigioni non erano le stesse ma potevano variare ogni due anni, tenendo però sempre presente alcune regole fisse che rimasero valide fino al 1859. Per la cavalleria era stabilito che il reggimento di stanza a Casale distaccasse due squadroni ad Alessandria, quello basato a Vigevano ne distaccasse uno a Novara e quello di stanza a Voghera uno a Genova. Al 1°gennaio 1859 la dislocazione dei reggimenti della cavalleria era la seguente:
Il reggimento "**Nizza Cavalleria**" a Savigliano, il reggimento "**Piemonte Reale Cavalleria**" a Vercelli, il reggimento "**Savoia Cavalleria**" a Torino, il reggimento " **Genova Cavalleria**" a Saluzzo, Il reggimento "**Cavalleggeri di Novara**" a Voghera e con uno squadrone a Genova, il reggimento "**Cavalleggeri di Aosta**" a Pinerolo, il reggimento "**Cavalleggeri di Saluzzo**" a Chambery, il reggimento "**Cavalleggeri di Monferrato**" a Vigevano con un plotone a Novara e il reggimento "**Cavalleggeri d'Alessandria**" a Casale con due squadroni ad Alessandria.
Come per le altre Armi dell'Esercito, anche la cavalleria soffriva del grave problema della mancanza di strutture adeguate a ospitare le sue unità e tutta la logistica a esse collegata. Le caserme vere e proprie erano poche, la maggior parte era rappresentata da aree e edifici usati e costruiti per altri scopi. Molto spesso si trattava di strutture appartenute a ordini religiosi compatibili con la possibilità di ospitare le truppe e i loro ufficiali, gli uffici, i magazzini, la prigione, un'infermeria e un'infermeria per i cavalli, i laboratori per gli specialisti e, naturalmente, le stalle per tutti gli animali del reggimento. Non poteva poi mancare una vasta area all'aperto sulla quale condurre gli esercizi previsti dal regolamento e, se possibile, anche uno spazio al coperto dedicato all'addestramento dei cavalli. Nonostante gli sforzi compiuti si trattava pur sempre di edifici adattati a un uso non previsto e che, quindi, presentavano spesso gravi carenze funzionali. Le stanze, in particolar modo quelle destinate a ospitare i soldati, non erano sufficientemente spaziose, giustamente riscaldate e aerate. I sottufficiali, che avevano diritto ad ambienti separati, erano alloggiati in stanze spesso costruite con tramezzi. Nelle camerate i soldati, i caporali, i trombettieri oltre a dormire, mangiavano, si lavavano alla meglio e sbrigavano le loro faccende quotidiane come la cura e la riparazione minuta dell'equipaggiamento, dell'uniforme e la manutenzione delle armi oltre a passare gran parte del tempo libero. La tipologia di questi locali era in sostanza identica a quella vista per la fanteria (vol. I cap. 4). Sulla porta era affisso l'elenco nominativo degli uomini che l'occupavano e quello degli utensili (secchi, scope ecc.) a disposizione. I letti, di I o II classe, di ferro e ripiegabili, erano posti a meno di un me-

tro di distanza l'uno dall'altro e ognuno aveva in dotazione un materasso, un cuscino, due lenzuola e una coperta di lana detta "catalogna". Sopra le brande, a circa 1,60 m da terra, era prevista un'asse di legno lunga un metro, su cui il soldato riponeva capi di abbigliamento e il pane avanzato. Ognuno aveva a disposizione cinque uncini fissati nel muro, a diverse altezze, che utilizzava per appendere il cinturino con la sciabola e la rangona o la bandoliera, il berretto da fatica e, a quello posto più in alto (sopra l'asse) a circa due metri da terra, l'elmo o il keppy. A ogni gruppo di quattro soldati era assegnata una panca di legno lunga 1,25 m, larga 26 cm e alta da terra 47 cm e un tavolo di legno lungo 1,50 m, largo 75cm e alto da terra 80 cm. Su una parte libera di muro erano fissate delle rastrelliere nelle quali erano riposti, in posizione inclinata, i pistoloni con la canna tappata da un turacciolo e con il cane abbattuto. Alla base di queste erano fissati dei ganci cui erano appese le pistole, mentre alla parte superiore, che sorreggeva le canne delle armi, erano fissati dei ganci metallici su cui erano appoggiate le lance. Sulle rastrelliere delle targhette indicavano il nome del militare cui le armi erano in dotazione. Specifiche norme, contenute nel regolamento di disciplina, regolavano le operazioni di pulizia delle camerate. Ogni squadrone aveva a disposizione un locale adibito a cucina e uno per le latrine. Sullo spazio aperto a disposizione della caserma si aprivano le scuderie. Un cartello indicava lo squadrone cui erano assegnati i cavalli e la camerata corrispondente. Qui ogni cavallo aveva a disposizione uno spazio di circa 2 m nel quale era legato a un anello infisso nel muro tramite una corda o una catenella attaccata alla cavezza. Il pavimento aveva una certa pendenza per facilitare la raccolta delle urine in specifici canali di scolo. Per ogni gruppo di quattro animali erano previste due mangiatoie. In ogni "box" un cartello indicava il nome del cavallo e del soldato che ne aveva la responsabilità. Il servizio alle scuderie era molto accurato e si svolgeva nelle ventiquattro ore. I locali dovevano essere ben tenuti in modo da ridurre la presenza di mosche e parassiti. Le lettiere dovevano essere rinnovate sia di giorno sia di notte con paglia ben distribuita e battuta. I cavalli erano spesso controllati in modo che non scalciassero, non raspassero o mordessero le mangiatoie. I soldati di turno, vestiti con zoccoli e abiti da lavoro, avevano a disposizione tutta una specifica serie di attrezzi da utilizzare per tutte le operazioni di governo degli animali di competenza, dal forcone al badile, dal secchio agli attrezzi usati per la pulizia del mantello e degli zoccoli. Fra questi i più comuni erano: la brusca (spazzola con crini), la striglia (strumento composto di lamine di ferro dentellate e disposte tra loro parallelamente), la spugna e la curasnetta (sorta di uncino metallico utilizzato per la pulizia dello zoccolo). Il cavallo era un bene costoso per i bilanci sempre in rosso dell'Armata e perciò andava conservato al meglio. Le operazioni di pulizia, ben controllate dagli ufficiali, erano molto accurate e si svolgevano più volte il giorno. Quotidianamente, o prima del lavoro dell'animale, si operava in modo più sommario togliendo con la brusca la polvere dal mantello per diminuire gli attriti e, di conseguenza, la possibilità di abrasioni provocate dalla bardatura, più accuratamente dopo il servizio. Utilizzando un fascio di paglia ripiegato a metà, strettamente ritorto e di nuovo ripiegato per far entrare un'estremità nell'altra che aveva formato un occhiello, il soldato preparava il cosiddetto " torcolo", una sorta di strofinaccio che serviva per asciugare il mantello dal sudore. In seguito passava alla fase di strigliatura che interessava il collo, i fianchi e la parte posteriore tralasciando la testa, le gambe e i genitali. Si procedeva con movimenti rotatori in modo da eliminare in profondità il grosso dello sporco facendo contemporaneamente una sorta di massaggio sul corpo dell'animale. Seguiva la fase della bruscatura in cui il soldato muoveva verticalmente e con forza la brusca sul corpo e poi sulla criniera e, infine, sulla coda. Ogni quattro passate era raccomandato passare la brusca sulla striglia in modo da ripulirla. Poi il soldato provvedeva con la spugna bagnata a pulire le gambe, gli occhi, le labbra, i genitali e l'ano. Quando poi c'era bisogno, si tagliavano i peli in eccesso su coda, criniera, gambe. L'operazione di pulizia terminava con il controllo degli zoccoli per accertare che l'unghia fosse sana e il ferro integro e saldamente fissato, quindi con la curasnetta si toglievano la terra e il letame che si erano depositati tra la suola e il ferro stesso. Se poi l'unghia si presentava un po' secca si poteva ungerla con grasso. Il lavoro nelle scuderie iniziava il mattino presto dopo che era stata suonata la sveglia (che variava secondo la stagione dalle 6,45 alle 4,30) con una prima pulizia delle stalle, dei cavalli e con la distribuzione dell'avena. Alle 7,30 gli animali erano abbeverati e alle 12,30 era distribuito il fieno. Nel pomeriggio c'era il secondo turno di pulizia. I cavalli venivano abbeverati ed era distribuito nuovamente il fieno. Alle 19,30 una nuova distribuzione di foraggio era seguita dalla preparazione delle scuderie per la notte.

Il vitto del soldato non era certo molto vario ed era simile in tutte le Armi. Si basava principalmente su pane, pasta (o riso) e carne. Mentre il pane era prodotto in "economia" dai panifici militari nati dal 1850 grazie a uno dei tanti interventi riformatori del La Marmora, le altre derrate alimentari erano procurate tramite appalti con fornitori civili e pagate con trattenute sulla paga. Ogni squadrone aveva la responsabilità di procurarsele e cucinarle. Il rancio era preparato giornalmente da ogni squadrone che aveva i suoi "rancieri" vestiti e attrezzati in maniera adeguata sotto la supervisione di un caporale e di un ufficiale. Non esisteva un servizio centralizzato di cucina nella caserma. I sottufficiali e gli ufficiali avevano invece un'amministrazione delle spese per il vitto separata da quella dei soldati e dei graduati e anche una propria mensa che era unica per ogni reggimento. Il rancio era consumato due volte il giorno, alle 8, 30 e alle 16 (per le truppe, i sottufficiali avevano un altro orario) . Alla base del "vitto giornaliero" pro capite c'era sempre una robusta quantità di pane, 735 gr, detto da "munizione" il cui onere era a completo carico dell'amministrazione militare. A questo si aggiungeva la "**razione viveri del tempo di pace**", da suddividere in due ranci, che, nel 1850, era costituita da 155 gr di pane da zuppa, 155 gr di carne di bue, 155 gr di pasta o riso e 100 gr di legumi. Questa razione era integrata, nei cosiddetti "*giorni di grasso*" da 15 gr di lardo, 30 gr di sale e da 350 dcl di vino rosso e nei "*giorni di magro*" da altri 155 gr di pasta o riso (che sostituivano la carne), 15 gr di burro e 15 gr di sale. La carne era sempre lessata con verdure o legumi ottenendo dei brodi in cui erano cotti la pasta o il riso.

Al campo d'istruzione queste quantità erano leggermente aumentate (es. 185 gr di carne, di pane da zuppa e di riso), mentre durante una campagna era previsto, per soldati, sottufficiali e ufficiali, uno specifico vitto detto "**razione viveri sul piede di guerra" "** a completo carico dell'amministrazione.

Fin dalle precedenti campagne la spettanza giornaliera pro-capite, da utilizzare in un unico rancio poi, dal 1850, in due, era composta di 737 gr di pane (compreso quello da zuppa), 245 gr di carne, 122 gr di riso, 61 gr di legumi, 15 gr di lardo, 15 gr di sale e 350 dl di vino. In base al "*Regolamento per il servizio e la contabilità delle sussistenze militari in campagna* ", emanato nell'aprile del 1859, fu prevista invece la distribuzione di 900 gr di pane di cui 150 gr da zuppa (in alternativa 530 gr di biscotto suddiviso in 4 gallette e 130 gr di biscotto da zuppa in una galletta), 300 gr di carne di bue, 120 gr di riso o 100 gr di pasta, 15 gr di lardo, ½ gr di pepe, 250 dl di vino o 60 dl di acquavite, 15 gr di caffè e 20 gr di zucchero(quando possibile). In mancanza della carne di bue era consentito l'uso di quella di vacca o di montone. Quando questa razione non era disponibile, era sostituita da una dotazione di "**viveri a secco**", composta da 660 gr di biscotto, 75 gr di formaggio, 75 gr di lardo (oppure 150 gr di lardo o di formaggio) e 50 cl di vino.

Il foraggio per gli animali della truppa e dei sottufficiali era a carico dell'amministrazione ed era composto principalmente dalla biada, termine generico che indica i cereali usati per l'alimentazione del cavallo, nel nostro caso l'avena, e dal fieno ovvero l'erba tagliata ed essiccata da impiegare non prima di 2-3 mesi dal raccolto e non dopo i 20 -24 mesi. La paglia veniva usata poco nell'alimentazione mentre serviva per realizzare le lettiere nelle scuderie. L'unica eccezione era rappresentata dal reggimento Cavalleggeri di Sardegna che aveva in forza dei cavalli autoctoni che pare si nutrissero vantaggiosamente anche con questo foraggio decisamente più economico.
Nella campagna del 1859 era prevista una razione giornaliera, sul "piede di guerra", di 6 kg di fieno e 4 kg di biada per ogni cavallo dei reggimenti di linea e 5 kg di fieno e 4 kg di biada per gli animali dei reggimenti cavalleggeri. In caso di necessità era concesso l'uso di foraggi "verdi" come il trifoglio che poteva sostituire il fieno ma per non più di 1/3 della razione totale, i legumi come patate, barbabietole, le rape o le carote, il ginestro, i cereali e addirittura, in casi di estrema necessità, anche la semplice erba di prato o le foglie e la corteccia degli alberi. Tra gli alimenti secchi alternativi si ricordano le fave, l'orzo, la meliga, che avevano il compito di rimpiazzare parte della razione d'avena.
La paga per i soldati e i sottufficiali fino al 1851era calcolata in base ad un anno suddiviso in mesi di trenta giorni, in seguito divenne a base giornaliera ed era costituita da due voci: **il prestito** e **il deconto**.
Il primo era la somma che lo stato versava al soldato e che serviva a coprire le spese per vitto, era pagato ogni cinque giorni, variava secondo il grado e la specializzazione e andava da un massimo di 1 lira e 80 centesimi per un furiere maggiore ai 45 centesimi del semplice soldato di cavalleria. Considerando che l'erario forniva le cosiddette **competenze in natura** (scomparse dal 1852 e attribuite come contante nell'ordinario) ovvero la razione giornaliera del pane, una certa quantità di legna (variabile in funzione della stagione) da utilizzarsi come combustibile e il letto (per tutti i giorni di permanenza in caserma), parte del prestito, pari, per la cavalleria, a 35 centesimi giornalieri pro-capite, andava a formare quel capitolo del bilancio dell'unità detto "massa d'ordinario" o più semplicemente "ordinario" necessario all'acquisto delle altre derrate che componevano le razioni giornaliere e per altre piccole spese (per es. quelle per l'illuminazione delle camerate, il bucato dei camicioni da ranciere, quelle per il barbiere ). In tempo di guerra, poiché i viveri erano completamente a carico dell'erario, l'entità del prestito diminuiva per tutti di 20 centesimi.
L'altra voce, cioè il deconto, rappresentava l'indennità per il vestiario e i bonifici per le riparazioni, era uguale per tutti ma variava in funzione dell'arma di appartenenza. In cavalleria era di 22 centesimi giornalieri. In tempo di guerra aumentava per tutti di 15 centesimi. Il totale di questo, più alcune indennità come l'assegno di primo corredo di 80 lire versato ai nuovi arruolati, il soprassoldo di marcia, le indennità per i servizi di ordine pubblico, di anticontrabbando, di scorta alle reclute, non era corrisposto al soldato ma andava a formare un fondo (detto massa individuale di deconto) destinato a sostenere tutte le spese per l'acquisto e la gestione del corredo di competenza. Ogni tre mesi i conti erano aggiornati sul libretto personale del soldato detto appunto "**libretto di deconto**". Al congedo se questi era riuscito a risparmiare, la cifra avanzata era corrisposta in contanti. Quest'ultimo era un libriccino di 69 pagine in dotazione ad ogni soldato che rappresentava una sorta di diario della sua vita militare. Era chiamato così perché in alcune sue pagine il soldato era tenuto ad annotare l'amministrazione dei suoi "averi" militari ovvero il denaro che l'amministrazione militare gli corrispondeva e le spese di gestione del materiale a lui fornito (vedi vol. I cap. 4).

Diverso era il trattamento economico degli ufficiali che chiaramente variava in funzione del grado. La loro paga inizialmente era basata su quattro voci: lo **stipendio annuo**, l'**indennità a titolo di spese di rappresentanza per i comandanti di reparto**, la **razione di pane** e la **razione di foraggio giornaliera** per chi, naturalmente, aveva diritto a una cavalcatura. Dal marzo del 1852 fu soppressa la razione di pane rimanendo quella di foraggio che era corrisposta in contanti (valore unitario pari ad 1 lira). Lo stipendio era riscosso mensilmente. In cavalleria lo stipendio annuo base era comunque più alto che per i parigrado della fanteria(vedi vol. I cap. 4) andando dalle 6.600 lire di un colonnello alle 3.000 lire di un capitano o alle 1.400 di un tenente. A queste si aggiungevano i soprassoldi che erano corrisposti in determinate circostanze di servizio.

## IL SERVIZIO SANITARIO E QUELLO VETERINARIO.

Nei reggimenti di cavalleria il servizio sanitario era gestito da un medico di reggimento (grado di capitano), uno di battaglione (grado di tenente) e da personale proveniente dalla compagnia infermieri, una componente del battaglione operai per i servizi amministrativi. In tempo di guerra il personale e il materiale dell'infermeria diventava il primo anello della complessa catena delle "ambulanze" nata per fornire l'assistenza sanitaria alle truppe sul fronte. Il primo livello d'intervento era offerto dalla cosiddetta **ambulanza di battaglione**. Non si trattava di una struttura ben definita come può far pensare il nome, dotata cioè di mezzi, materiale e personale ma di un kit di primo soccorso costituito da due sacche (dette tasche) a più scomparti assegnate a un militare di truppa in ragione di due per ogni reggimento contenenti attrezzature, materiale da medicazione e una piccola farmacia. Con questa dotazione si offriva ai soldati del reparto che operava in prima linea la possibilità di avere a disposizione il necessario per un primo intervento d'urgenza. Erano in pelle di vitello conciata e annerita, di forma quadrangolare allungata e unite fra loro per mezzo di una doppia correggia. Andavano sistemate sulla parte anteriore della sella occupando il posto destinato originariamente alle fonde. Quando non era possibile usufruire di questo servizio, o quando l'intervento era troppo complesso, il ferito aveva a disposizione **l'ambulanza reggimentale o di distaccamento**. Si trattava essenzialmente di una maggiore dotazione di mezzi contenuti in due cassoni suddivisi in più compartimenti e di una barella che venivano trasportati a dorso di mulo o di cavallo. Erano a disposizione del personale sanitario del reggimento che però in questo caso non operava sulla linea di fuoco ma nelle immediate retrovie. Ogni reggimento ne aveva una in dotazione. Un'assistenza più articolata e completa era offerta quando il reggimento operava inquadrato in una divisione. Questa aveva a disposizione l'**ambulanza divisionale**: un vero e proprio piccolo ospedale assegnato in ragione di uno per ogni divisione e operante più lontano dalla linea del fronte. Una più attrezzata era assegnata al quartier generale principale dell'armata. Quest' ultime erano situate in posti protetti o riparati, almeno in tende o baracche e avevano a disposizione una dotazione di attrezzature tale da intervenire in maniera più decisiva e radicale. Tutto il materiale (attrezzi, medicazioni, farmaci) era posto in casse, panieri e scatole tutte numerate secondo un ordine preciso, con dimensioni e peso prestabilito in modo da rendere più facile il trasporto e la distribuzione. Il contenuto doveva essere ben conosciuto dagli operatori sanitari che avevano anche il compito di applicare scrupolose norme per la pulizia e il mantenimento in un ottimale stato di conservazione. Nelle divisioni di fanteria, dov'erano inquadrati i reggimenti di cavalleggeri, questo materiale andava a formare il carico dei cassoni di quattro carri numerati progressivamente da 1 a 4. Un altro, il n° 5, era destinato al trasporto della riserva.

Secondo il numero ogni cassone trasportava una tipologia specifica di materiale. Più semplificata era quella propria della divisione di cavalleria. Aveva a disposizione solo un carro con cassone di tipo 1 (detto leggero), uno con cassone di tipo 2 (detto ordinario) e quattro barelle. Questa struttura aveva in forza un medico di reggimento, due di battaglione, un farmacista e personale composto di un ufficiale subalterno, un sergente, un caporale e sei infermieri. Tutti i mezzi e gli animali da tiro erano forniti dall'intendenza mentre gli equipaggi erano distaccati dal Treno d'armata.
Come in tutti gli eserciti dell'epoca anche l'armata sarda pose molta attenzione a mantenere in perfetta efficienza tutti gli equini in suo possesso, che rappresentavano un vero e proprio patrimonio. Fino dal 1818 era stata istituita a Venaria Reale una scuola, con annesso collegio, di veterinaria il cui compito era quello di preparare validi specialisti che si occupassero della salute dei cavalli dell'armata. Gli allievi, una volta terminato il corso di studi venivano inviati ai reparti con il grado di **veterinario in II**, parificato a un sottufficiale inferiore al furiere di squadrone, a coadiuvare l'attività del responsabile del servizio dell'unità ovvero il **veterinario in I**, anch'egli sottufficiale appena inferiore al furiere maggiore. Con un regio Decreto del 19 dicembre 1848 il ruolo di veterinario in II fu parificato al grado di sottotenente, quello in I al grado di tenente. Alla scuola era annesso anche un ospedale veterinario che aveva il compito di curare i cavalli dei reggimenti e delle scuderie reali. L'interesse per il patrimonio equino era così sentito che nel marzo del 1836 venne emanato l'importante "*Regolamento per il servizio, l'amministrazione e contabilità dell'infermeria dei cavalli nei reggimenti di cavalleria, nel corpo del treno di provianda*" che stabilì, oltre i miglioramenti al trattamento economico dei veterinari e norme per elevarne il prestigio e il livello culturale, che fosse istituita in ogni reggimento di cavalleria un'**infermeria cavalli** dove trasferire gli animali feriti o malati. A questo scopo erano adibite tre scuderie, separate ma non molto distanti tra loro, in modo da facilitare le operazioni di sorveglianza. La prima era destinata ad accogliere i cavalli affetti da malattie ordinarie e non infettive, la seconda quelli che presentavano sintomi di moccio di 1°grado (detto anche cimurro era una malattia infettiva dell'apparato respiratorio molto diffusa nelle scuderie con gran numero di cavalli), l'ultima, disposta nel luogo più appartato possibile, per i casi di moccio di 2° grado. Ogni infermeria doveva comprendere: un deposito attrezzi e materiali, una camera per gli inservienti, un magazzino dove accantonare i foraggi e la paglia sufficienti per un giorno, una tettoia con cucina, un pozzo per l'acqua con annesso abbeveratoio. Questo era utilizzato solo per la prima scuderia. I cavalli ricoverati nelle altre due erano abbeverati con secchi appositamente contraddistinti onde evitare qualsiasi possibile contagio. Il personale addetto alla gestione era: un ufficiale subalterno facente funzione di direttore, un sergente addetto alla contabilità, un caporale responsabile del servizio e la disciplina, i veterinari del reggimento, i maniscalchi e un inserviente ogni tre cavalli scelti tra i soldati destinati a non prestare servizio montati. Il responsabile della salute dei cavalli del reggimento era il veterinario in I. Ogni giorno, durate l'ora mattutina del "governo", visitava tutti i cavalli. Era solo lui che decideva, diagnosticato il problema, il ricovero nelle infermerie, stabiliva la cura e l'alimentazione appropriata, conduceva due volte al giorno le visite in infermeria e quelle straordinarie.
Inizialmente non era stata stabilita alcuna regola per la creazione d'infermerie cavalli temporanee da utilizzarsi in campagna ma era stata lasciata la responsabilità al personale utilizzato " in tempo di pace" di istituire una sorta di ambulanza per quadrupedi o persino di appoggiarsi a strutture e veterinari civili. Anche se nell'aprile del 1848 si provò a costituire un'infermeria centralizzata per tutti i cavalli dell'armata, bisognerà aspettare l'inizio della seconda guerra con l'Austria affinché con l'"*Istru-*

*zione per il servizio e la contabilità delle infermerie cavalli in campagna*" del 18 aprile 1859 si provvedesse a regolamentare la materia e realizzare una o più strutture centralizzate amministrate da uno dei corpi a cavallo. Ogni infermeria doveva essere organizzata e avere personale per ospitare e accudire trecento cavalli suddivisi in sezioni di cento, ognuna con un proprio veterinario e un maniscalco responsabile. Queste però tardarono a entrare in funzione per cui i comandanti di reggimento furono autorizzati a lasciare i cavalli ammalati o feriti che non potevano seguire le truppe, presso i municipi distaccando un soldato ogni due- tre cavalli.

## L'APPROVVIGIONAMENTO DEI CAVALLI PER L'ARMATA: IL SERVIZIO DI RIMONTA.

Era il servizio incaricato dell'approvvigionamento dei cavalli e degli animali da soma utilizzati dai vari corpi dell'Esercito Sardo. La fornitura degli animali avveniva con due modalità: produzione in proprio attraverso gli stalloni di proprietà dell'erario, acquisto presso gli allevatori.

L'esercito aveva un certo numero di stalloni di sua proprietà che utilizzava annualmente per l'accoppiamento con l'obiettivo di creare razze locali adatte all'impiego militare nell'Armata. Nel 1850 aveva 60 stalloni, quasi tutti di razza tedesca, ripartiti nei depositi di Venaria Reale (dal 1857 spostatosi a Fossano) e Annecy, ognuno con una propria amministrazione e gestito da personale militare. Sul territorio delle provincie del Piemonte e della Savoia erano poi state fissate 31 stazioni di monta, dove, in un periodo stabilito venivano condotti gli stalloni e le fattrici scelte per la monta. Ogni anno, dal 15 marzo al 15 giugno, gli stalloni erano suddivisi tra le stazioni e ivi condotti per rimanervi tre mesi per dare, gratuitamente, le monte alle cavalle che i proprietari avevano messo a disposizione. Le femmine erano accuratamente controllate e dovevano rispondere a particolari requisiti. Per esempio l'altezza non doveva essere inferiore a 1,47 m al garrese e l'età doveva essere compresa tra i 4 e i 12 anni. Compiuta e certificata la monta, le fattrici erano esentate da qualsiasi pubblica precettazione per tutto il tempo della gravidanza e dell'allattamento. Così come lo erano i puledri, nati da quest'accoppiamento, fino all'età di cinque anni. Questi, al compimento del quarto anno, dovevano essere offerti al governo. Ogni anno, tra il 15 maggio e il 15 giugno, i proprietari conducevano i puledri in località prestabilite, dove, una volta controllato che avessero i requisiti richiesti, venivano acquistati dal governo a un prezzo superiore di 25 lire rispetto a quello pagato per l'acquisto di cavalli stranieri. Lo stato, volendo promuovere il miglioramento della razza dei cavalli indigeni, offriva anche un premio da suddividersi tra tutte le fattrici che avessero dato alla luce i puledri con le migliori caratteristiche. Nel 1851 il demanio cedette all'amministrazione militare la Regia Tanca di Paulilatino che, trasformata in mandria di soli cavalli, ebbe la funzione di migliorare la razza equina della Sardegna.
L'altra fonte di approvvigionamento era rappresentata dall'acquisto presso gli allevatori. Attraverso uno specifico regolamento, una volta determinata la quantità di quadrupedi di cui l'esercito aveva bisogno, era bandita un'asta alla quale partecipavano tutti gli iscritti a una speciale lista di fornitori. Il vincitore, in un tempo non superiore ai due mesi, era tenuto a fornire gli animali necessari.

Questi, tenendo conto delle modifiche organizzative che avevano interessato l'Arma nel 1850, dovevano rispondere a precise caratteristiche:

1) I cavalli per i reggimenti di linea dovevano ancora essere principalmente di razza annoverese o meclemburghese, consentite erano anche quella danese o boema a patto che gli animali non superassero il 6% del totale. Per i reggimenti cavalleggeri, dopo la felice esperienza fatta tra il 1844 e il 1845 dai reggimenti "Novara" e "Aosta" con cavalli di razze italiane, si decise invece di passare definitivamente ad animali di queste razze, in particolar modo toscane e romane, sicuramente più

economiche, di più facile reperibilità ma di pari robustezza.
2) Il 75% dovevano essere maschi castrati mentre le femmine rappresentavano il restante 25%.
3) L'età doveva essere compresa tra i quattro e i sei anni.
4) L'altezza al garrese dei cavalli di origine tedesca doveva essere compresa tra 1,522 m e 1,586 m, per quelli di origine italiana tra 1,475 m e 1,522 m.
5) Il colore del mantello doveva essere il baio scuro, anche se erano tollerate minime quantità di mantelli bai chiari o morelli e ancora meno grigi e sauri vinosi.

I cavalli raccolti erano inviati alle unità operative che ne avevano bisogno per rimpiazzare gli animali destinati a essere riformati per motivi di salute o di età. Lì sarebbero stati sottoposti a uno specifico iter addestrativo per addomesticarli e per renderli capaci di svolgere il lavoro cui erano destinati.

I cavalli, una volta scelti, erano marchiati sulla coscia destra con le iniziali dell'ufficiale più anziano che aveva eseguito la prima "tranche" di pagamento all'impresario, in seguito, quando era stata decisa la loro destinazione, erano marchiati sulla coscia sinistra con le iniziali del re coronate (marchio reale) con impresso sotto un numero progressivo, da 1 a 9, indicante il reggimento con quest'ordine: 1 per Nizza cavalleria, 2 per Piemonte reale cavalleria, 3 per Savoia cavalleria, 4 per Genova cavalleria, 5 per i cavalleggeri di Novara, 6 per i cavalleggeri di Aosta, 7 per i cavalleggeri di Saluzzo, 8 per i cavalleggeri di Monferrato, 9 per i cavalleggeri di Alessandria. La lettera S era utilizzata per il reggimento Cavalleggeri di Sardegna.

Ogni animale era contraddistinto anche da un numero di matricola che era marchiato, inizialmente, sulla parte sinistra del collo e, dal 1850, sullo zoccolo anteriore sinistro (da rinnovarsi periodicamente).

## IL REGGIMENTO IN MARCIA.

Muovere un'unità non era una cosa semplice. Quest'operazione seguiva sempre delle precise normative elencate in dettagliati regolamenti che stabilivano il numero e il tipo dei mezzi da usare in funzione della grandezza del reparto (l'intero reggimento o uno o più squadroni), quello degli animali da utilizzare per il traino e persino il peso di bagaglio che ogni ufficiale e ogni specialista era autorizzato a portare con sè. All'esecuzione di particolari segnali (il "**buttasella**", il "**bagaglio**" e il "**tutti a cavallo**"), che si susseguivano alla distanza di mezz'ora l'uno dall'altro, il reggimento si preparava alla marcia. Si raccoglieva il bagaglio, già preparato in casse e ceste, si allestivano i carri, si equipaggiavano e si sellavano i cavalli. Il tutto sotto la supervisione di un ufficiale incaricato del controllo delle operazioni (**commesso ai bagagli**) e del personale addetto il quale si atteneva ai regolamenti che indicavano i pesi massimi di bagaglio consentito e le tipologie di carri da utilizzare. Si preparavano poi le truppe che, dopo aver consumato un rancio se i tempi lo concedevano, si radunavano in luoghi prestabiliti aspettando l'ultimo segnale, quello dell'adunata generale e della partenza. Se l'unità che si muoveva era l'intero reggimento, i bagagli erano suddivisi tra due tipi di trasporti: quelli al seguito delle truppe, il cosiddetto "bagaglio minuto" cioè il materiale di uso quotidiano degli squadroni e i bagagli degli ufficiali e il" grosso bagaglio", in altre parole i materiali di magazzino (armi, stoffe, gli utensili per i tecnici, i materiali d'infermeria e quelli di cucina, viveri) e quelli amministrativi (carte, documenti, denaro). Quest'ultimo, quando non si muoveva insieme alle truppe, formava un convoglio che, sottoposto ad adeguata scorta, raggiungeva direttamente e in maniera autonoma la destinazione prevista per l'unità. Di regola ogni reggimento aveva a disposizione per i trasporti al seguito tre carri (a due e quattro cavalli) con animali ed equipaggi che dovevano essere messi a disposizione dal Corpo del treno. Per i trasporti diretti i carri forniti da Corpo del treno, a causa di una cronica penuria di mezzi, erano spesso integrati da quelli d'imprese private con le quali l'esercito aveva stipulato un contratto opportunamente regolamentato e che formavano il cosiddetto "treno ausiliario o borghese". Durante la marcia, una specifica segnaletica e personale addetto (i **movieri**) indicavano la direzione da seguire mentre gli ufficiali erano tenuti ad osservare rigide regole disciplinari per garantire la sicurezza e il tranquillo procedere del movimento delle truppe. Il comandante inoltre predisponeva anche i cosiddetti "**forieri di alloggiamento**" ovvero personale addetto a precedere le truppe per individuare i posti migliori per fare le soste, per installare un campo all'addiaccio per un semplice riposo notturno o un più complesso campo stabile. Precise norme indicavano i criteri logistici, di carattere tattico o di sicurezza cui questi si dovevano attenere per individuare la località più adatta. Anche per la realizzazione di un qualsiasi tipo di campo niente era lasciato al caso, tutto era prestabilito e ben disciplinato. Le tende (o le baracche) potevano ospitare cinque o sei soldati con le relative selle. Gli squadroni erano disposti gli uni accanto agli altri con tende sistemate le une dietro le altre su due file. Tra ogni fila erano legati i cavalli mentre tra le tende trovava posto il foraggio per il governo degli animali. A un capo di ogni fila erano sistemati i materiali da cucina, all'estremo opposto trovavano spazio le tende per i sottufficiali e gli addetti alla guardia del campo, poi quelle degli ufficiali subalterni, seguite da quelle dei capitani e infine da quelle del colonnello, del cappellano, dei medici, dei veterinari e dei maniscalchi. Lateralmente a queste erano sistemati i carri. In testa al campo, dopo un posto avanzato di polizia, erano costruite le latrine dei sottufficiali e dei soldati, in coda quelle degli ufficiali, i depositi per il letame e i macelli. Nonostante questo dettagliato ordinamento, a causa dei problemi organizzativi che riguardarono l'intendenza all'inizio della campagna, la divisione di cavalleria non ricevette le tende in dotazione prima del mese di giugno.

## L'ORDINE DI BATTAGLIA DEI REGGIMENTI DI CAVALLERIA NELLA GUERRA DI CRIMEA

All'intervento del Regno di Sardegna in Crimea (vedi vol. I) a fianco di Francia, Turchia e Inghilterra l'Arma di cavalleria contribuì con i nuovi reggimenti cavalleggeri che, con i loro primi squadroni, permisero la formazione di un Reggimento di cavalleria provvisorio posto alle dirette dipendenze del comandante in capo la spedizione, il tenente generale Alfonso Ferrero della Marmora. Quest'unità, al comando del colonnello Carlo Bracorens di Savoiroux, già ufficiale comandante dei " Cavalleggeri d'Alessandria"', supportato come vice dal maggiore Tommaso Morelli di Popolo, era composta di un proprio stato maggiore e dei cinque primi squadroni ceduti da ognuno dei reggimenti nazionali in quest'ordine:
**1° squadrone** dal reggimento "Cavalleggeri di Novara", al comando del capitano Cravatta,
**2° squadrone** dal reggimento "Cavalleggeri di Aosta", al comando del capitano Vandone,
**3° squadrone** dal reggimento "Cavalleggeri di Saluzzo", al comando del capitano Polli,
**4° squadrone** dal reggimento "Cavalleggeri di Monferrato", al comando del capitano Di Sant'Agabio,
**5° squadrone** dal reggimento "Cavalleggeri d'Alessandria", al comando del capitano Aribaldi Ghiaini.
Sbarcati a Balaklava, i reparti si accamparono nei pressi di Karani per poi essere spostati più vicini a Sebastopoli alla base di un colle, detto Canrobert, nelle alture di kamara, dove fu costruito un campo completamente interrato per difendersi dalle cannonate delle vicine artiglierie russe. Da qui partivano giornaliere operazioni di pattugliamento e interdizione inserite nelle attività di assedio alla piazzaforte russa.

# GLI AUTORI DELLE TAVOLE

**Francesco Gonin** nacque a Torino il 16 dicembre 1808 e morì a Giaveno (TO) il 14 settembre 1889. Fu un noto e apprezzato pittore e incisore italiano. La sua specializzazione più nota erano i ritratti storici, paesaggi e le scene militari di genere. Ideò incisioni per illustrare opere letterarie. Numerosi suoi ritratti, quadri storici ed affreschi si trovano presso le varie dimore sabaude (Sala della Verna, al Castello di Racconigi e Sala da Ballo al Palazzo Reale di Torino) e in alcune chiese di Torino, oltre che nelle nuove ali di Palazzo Cisterna. Una sala della stazione ferroviaria di Torino Porta Nuova, riservata come sala d'attesa del re, è decorata dal Gonin. A testimonianza del suo valore artistico, una sua opera dal titolo *La Rocca di Sapay presso Viù* (Roccia con pascolo), datata 1850, è esposta permanentemente presso la Galleria civica d'arte moderna e contemporanea di Torino. Francesco Gonin è altresì noto per avere illustrato *I promessi sposi* di Alessandro Manzoni, nell'edizione riveduta del 1840, seguita dalla parte iconografica realizzata per la *Storia della colonna infame*. Le sue opere si possono vedere presso il Civico museo manzoniano al Caleotto di Lecco nella sala IX della "Quarantana", l'edizione da lui illustrata de *I Promessi Sposi* (Milano, Guglielmini e Redaelli, 1840). Anche suo figlio Guido fu un apprezzato pittore.

▲ Ritratto del pittore Francesco Gonin

**Lorenzo Pedrone** nasce a Torino nei primi anni del XIX secolo fu disegnatore e litografo italiano, tra i primi a diffondere la litografia in Piemonte. Tra le tante sue opere ricordiamo la raccolta di quarantaquattro tavole di uniformi delle truppe di S.M. il Re di Sardegna stampate nella litografia Festa tra il 1831 e il 1836, e quindi la raccolta di trenta tavole con le uniformi dell'esercito piemontese incise in collaborazione col Gonin e pubblicate nel 1844 dall'editore Gio. Batt. Maggi ce fanno parte del seguente volume. Eseguì anche numerose litografie inserite nell'opera di Luciano Baldassarre "Cenni sulla Sardegna" pubblicata nel 1841, tra cui "Fenicottero" e "Muflone".

▲ Un soldato francese, uno inglese e uno piemontese simboleggiano l'alleanza che si stabilì in Europa, in funzione antirussa e che, tra il 1853 e il 1856, sfociò nella guerra di Crimea. Litografia del 1854

UNIFORMI MILITARI
DELL'ARMATA
di
S.M.SARDA
PUBBLICATI PER CURA DI
GIO. BATTA. MAGGI
PROVVEDITORE DI STAMPE DI S.M
TORINO
1844.

UNIFORMI MILITARI
DELL'
ARMATA SARDA

# INDICE DELLE TAVOLE

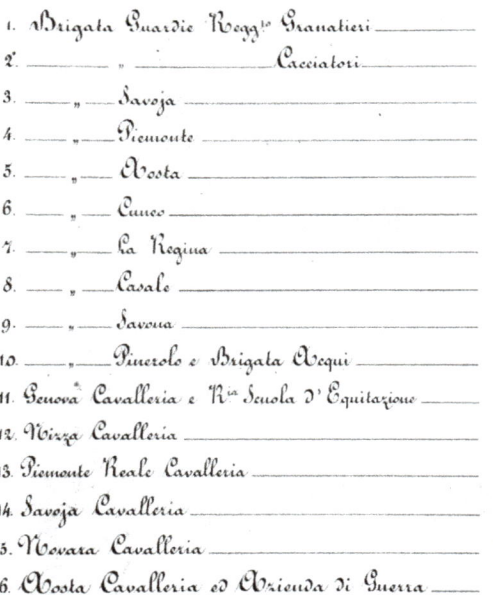

Il Reggimento Cacciatori fù soppresso, e con questo si formò il 2do Reggimento delle Guardie –

N° 01

F.Gonin fec. | Ufficiale in Gran tenuta | Ufficiali in piccola tenuta | Litogr. J.Junck in Torino

BRIGATA GUARDIE Regg. Granatieri

Modificazioni fatte nell' Armata Sarda dopo il 1848

# Brigata Guardie Regg.ti Granatieri

1.mo e 2.do

## Divisa

Keppy turchino scuro, Tunica di panno turchino, con goletta scarlatta ed alamari di lana bianchi (gli Ufficiali portano gli Alamari in Argento alla goletta ed ai paramano) pistagna scarlatta lungo il petto, le falde ed i paramano (sopresse le spalline di panno [illegible] N.2 come pure furono soppressi Berrettoni di Pel[illegible]

Pantaloni grigii con pistagna scarlatto.

N.B. La Sciabla con guaina di Ferro venne adottato per tutta l'Ufficialità come pure le spalline d'Argento

Nº 02

Cacciatore (Uffiziale) Litogr. J.Junck in Torino

BRIGATA GUARDIE Regg. Cacciatori

# Brigata Savoia

1ma e 2de

Regg.ti di linea

Keppy turchino scuro Cravatta speciale di color scarlatto.

Tunica di panno turchino, con goletta di velluto nero, con pis-
tagna lungo il petto le falde ed i paramano. (Le spalline di panno = vennero sopresse Vedi N.2) I Pantaloni grigii con pistagna scarlatto

N.B. Tutti gli Uff.li portano la Sciabla con guaina di ferro (Le Spade furono soppresse Vedi N.2)

Nº 03

Pedron fec. Zappatore Colonello Aiutante Maggiore Litogr. Doyen con perm.

BRIGATA SAVOJA Regg. 1° e 2°

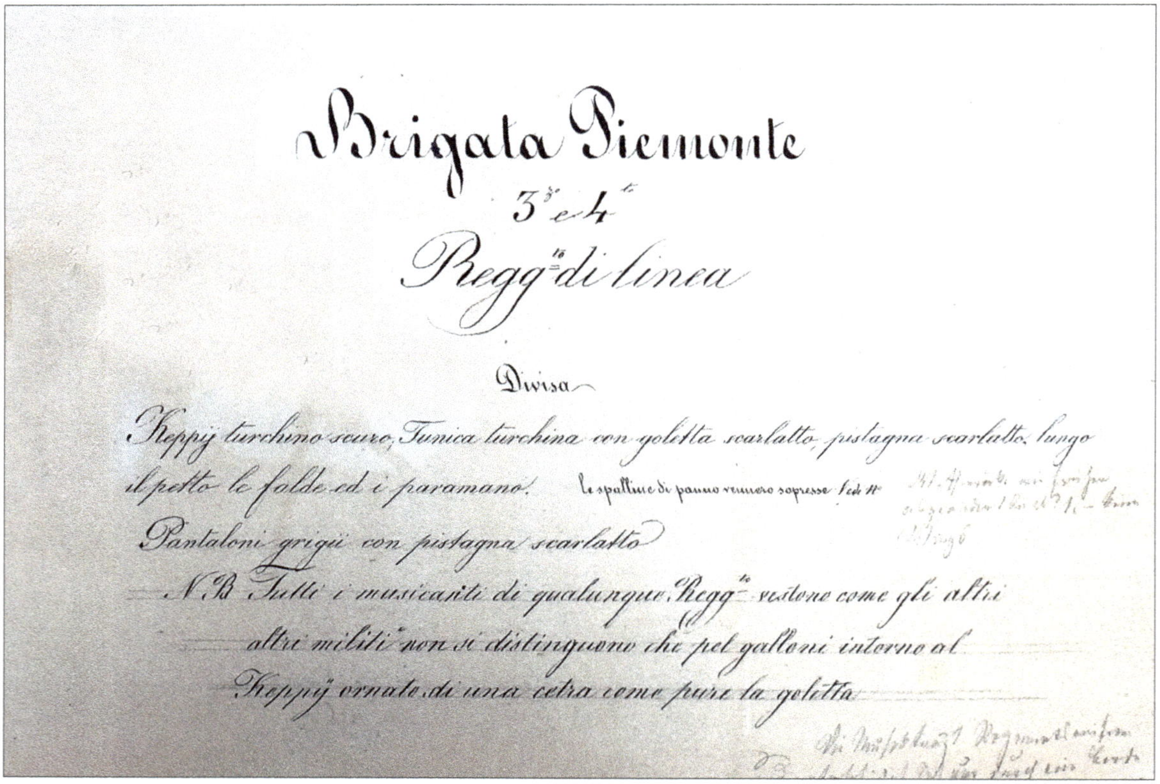

# Brigata Piemonte

## 3° e 4°

## Regg.ti di linea

Divisa

Keppj turchino scuro, Tunica turchina con goletta scarlatto, pistagna scarlatto lungo il petto le folde ed i paramano. Le spalline di panno vennero sopresse [illegible] [illegible]

Pantaloni grigi con pistagna scarlatto

N.B. Tutti i musicanti di qualunque Regg.to vestono come gli altri altri militi non si distinguono che pel galloni intorno al Keppj ornato di una cetra come pure la goletta

[illegible]

Nº 04

F.Gonin fec. Colonello Cacciatore Mus cante Litogr. J.Junck in Torino

BRIGATA PIEMONTE Regg. 3° e 4°

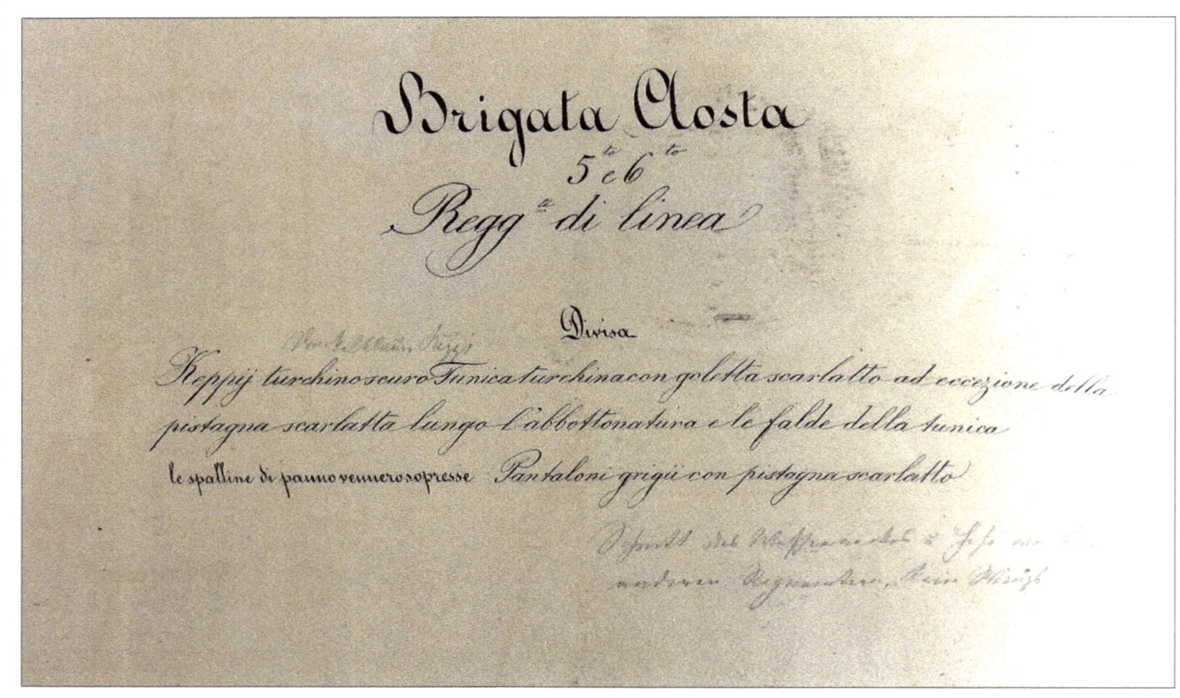

Brigata Aosta
5.ta e 6.to
Regg.ti di linea

Divisa

Keppij turchino scuro Tunica turchina con goletta scarlatto ad eccezione della pistagna scarlatta lungo l'abbottonatura e le falde della tunica le spalline di panno verniero sopresse Pantaloni grigii con pistagna scarlatto

N° 05

F.Gonin fec. Aiutante di campo Maggiore Generale Litogr. Doyen con perm.

BRIGATA AOSTA Regg. 5° e 6°

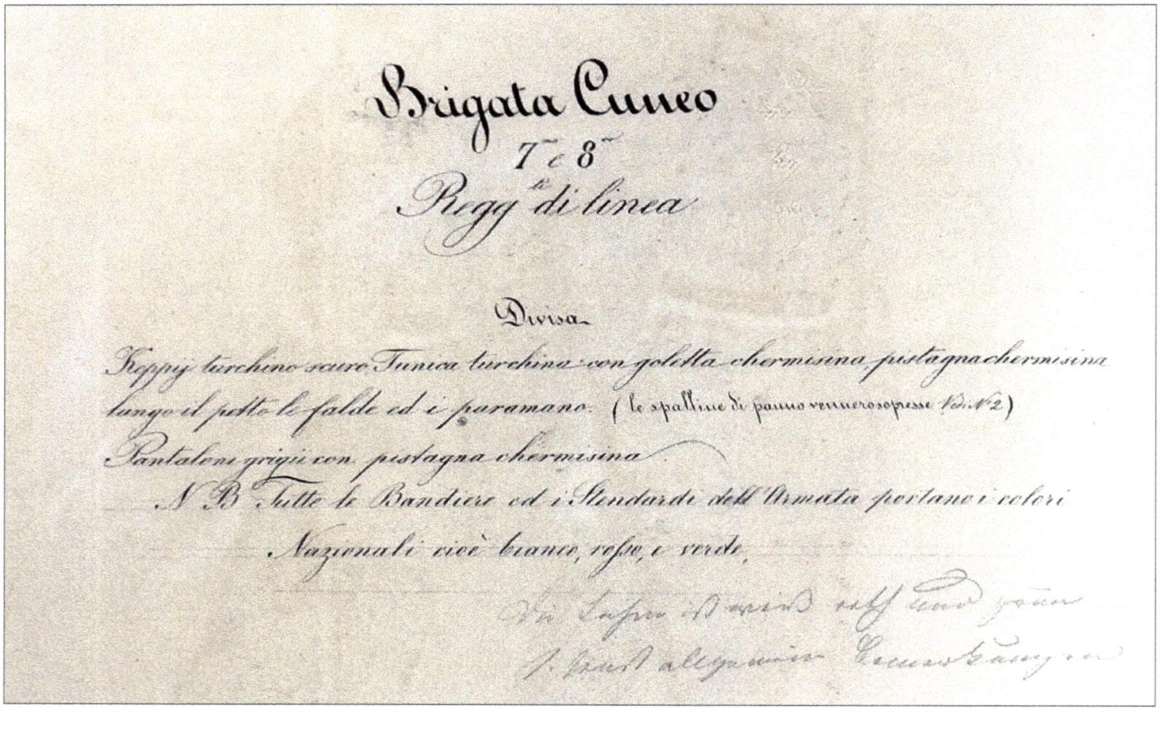

Brigata Cuneo

7ᵒ e 8ᵒ

Regg.ⁱ di linea

Divisa

Keppy turchino scuro Tunica turchina con goletta chermisina, pistagna chermisina lungo il petto le falde ed i paramano. (le spalline di panno vennero soppresse V.di N.2)

Pantaloni grigi con pistagna chermisina

N B Tutte le Bandiere ed i Stendardi dell'Armata portano i colori Nazionali cioè bianco, rosso, e verde,

[illegible]

Nº 06

Pedrone fece Porta bandiera Capitano Litogr. J.Junck in Torino

BRIGATA CUNEO Regg. 7° e 8°

# Brigata Regina

## 9.mo e 10.mo Regg.ti di linea

### Divisa

Keppy turchino scuro, Tunica turchina con goletta bianca, pistagna bianca lungo il petto le falde ed i paramano. le spalline di panno vennero soppresse

Pantaloni grigii con pistagna bianca

N° 07

Pedrone fece

Litogr. J.Junck in Torino

BRIGATA la REGINA Regg. Gran. 9° e 10°

# Brigata Casale

11^mo^ e 12^mo^

Regg^ti^ di linea

Divisa

Keppy turchino scuro; Tunica turchina con goletta gialla, pistagna gialla lungo il petto le falde ed i paramano. (le spalline di panno vennero sopresse Ved. N.° 2)
Pantaloni grigii con pistagna gialla; Capotto grigio senza spalline

Nº 08

Pedrone fece — tenuta con cappotto — Caporali — Litogr. J.Junck in Torino

BRIGATA CASALE Regg. 11° e 12°

# Brigata Savona

## 15° e 16° Regg.ti di linea

### Divisa

Keppy turchino scuro Tunica turchina con goletta bianca ad eccezion della pistagna bianca lungo l'abbottonatura (le spalline di panno vennero sopresse 1.1.1872) e le falde della tunica – Pantaloni grigii con pistagna bianca –

(N.B. I Granatieri vennero sopressi))

Nº 09

Cacciatore

Granatiere (sergente)

Litogr. J.Junck in Torino

BRIGATA SAVONA

# Brigata Acqui

## 17 e 18

## Regg.ti di linea

### Divisa

Keppy turchino scuro, Tunica turchina con goletta gialla, ad eccezione della pistagna gialla lungo l'abbottonatura (le spalline di panno vennero soppresse [illegible]) e le falde della tunica. Pantaloni grigii con pistagna gialla

NB Cambiata in tutti i Regg.ti l'Uniforme de' Tamburri Magg.i, ora vestono l'uniforme senza galloni col solo distintivo di Sergente, e Keppy con gallone in lana, senza spalline e galloni sulle maniche; così pure anche i Tamburrini

[illegible]

**Regg.to Pinerolo.** Keppy come sopra, Tunica di panno turchino con goletta di velluto nero, e con pistagna scarlatta alla goletta, lungo il petto, le falde, ed i paramano; (le spalline soppresse). Pantaloni grigii a pistagna scarlatta

Nº 10

Pedrone fece Cacciatore Tamburo maggiore Litogr. J.Junck in Torino

BRIGATA PINEROLO
regg.13 e 14

BRIGATA ACQUI
Regg. 17 e 18

Osservazioni generali sulle Armi della Cavalleria

Per tutta la Cavalleria di S. M. S., venne oltre la Sciabla, e le Pistole, adottata la Lancia.

(NB Furono soppresse le Carabine)

Die Kavallerie ist mit Säbel, Pistole und Lanze bewaffnet, die Karabiner sind eingestellt

Nº 11

Pedrone fece | Scuola d'Equitazione (Capitano) | Genova Cavalleria (Colonnello) | Litogr. J.Junck in Torino

GENOVA CAVALLERA e R.a SCUOLA D'EQUITAZIONE

Nº 12

Aiutante Maggiore Lancere Litogr. J Junck in Torino

NIZZA CAVALLERIA

Nº 13

F.Gonin fec. Uffiziale Litogr. J.Junck in Torino

PIEMONTE REALE CAVALLERIA

Nº 14

Litogr. J.Junck in Torino

Sergente (p.tenita) Trombetta

SAVOJA CAVALLERIA

Nº 15

Pedrone fece | Brigadiere | Litogr. J Junck in Torino

NOVARA CAVALLERIA

# Novara Cavalleggieri-

Divisa-

Keppÿ bianco ornato di penacchino di crini neri, e di un cordone di lana bianca in Argento pegli Ufficiali (sopresso l'Elmo Vedi N°4)

Tunica e goletta turchina con mostre laterali bianche, pistagne bianche.

Pantaloni grigii con doppia banda laterale bianca; Spalline di metallo bianco

Portano la lancia

Weisse Keppi mit Federbusch u. weissen Cordon statt des Helmes

# Aosta Cavalleggieri

Divisa-

Scharlachrothe Keppi statt des Helmes mit silbernem Cordon

Keppÿ scarlatto ornato di pennacchino di crini neri, e di un cordone di lana scarlatto, in Argento pegli Ufficiali (l'Elmo fu soppresso vedi N°4)

Tunica turchina, con mostre laterali scarlatte, così pure le pistagne

Pantaloni grigii con doppia banda laterale turchina; Spalline di metallo bianco

Tutti i Cavalleggieri sono armati di lancia.

Nº 16

Pedrone fece

Aiutante di Campo

Litogr. J.Junck in Torino

AOSTA CALLERIA AZIENDA DI GUERRA

Nº 17

Pedrone fece

Litogr. Doyen con perm.

REGIA ACCADEMIA MILITARE

N° 18

Piccola tenuta — Grande tenura — Litogr. J.Junck in Torino

STATO MAGGIORE GENERALE

Nº 19

F.Gonin fec.

Ufficiale

Litogr. Doyen con perm.

CORPO REALE D'ARTIGLIERIA

Nº 20

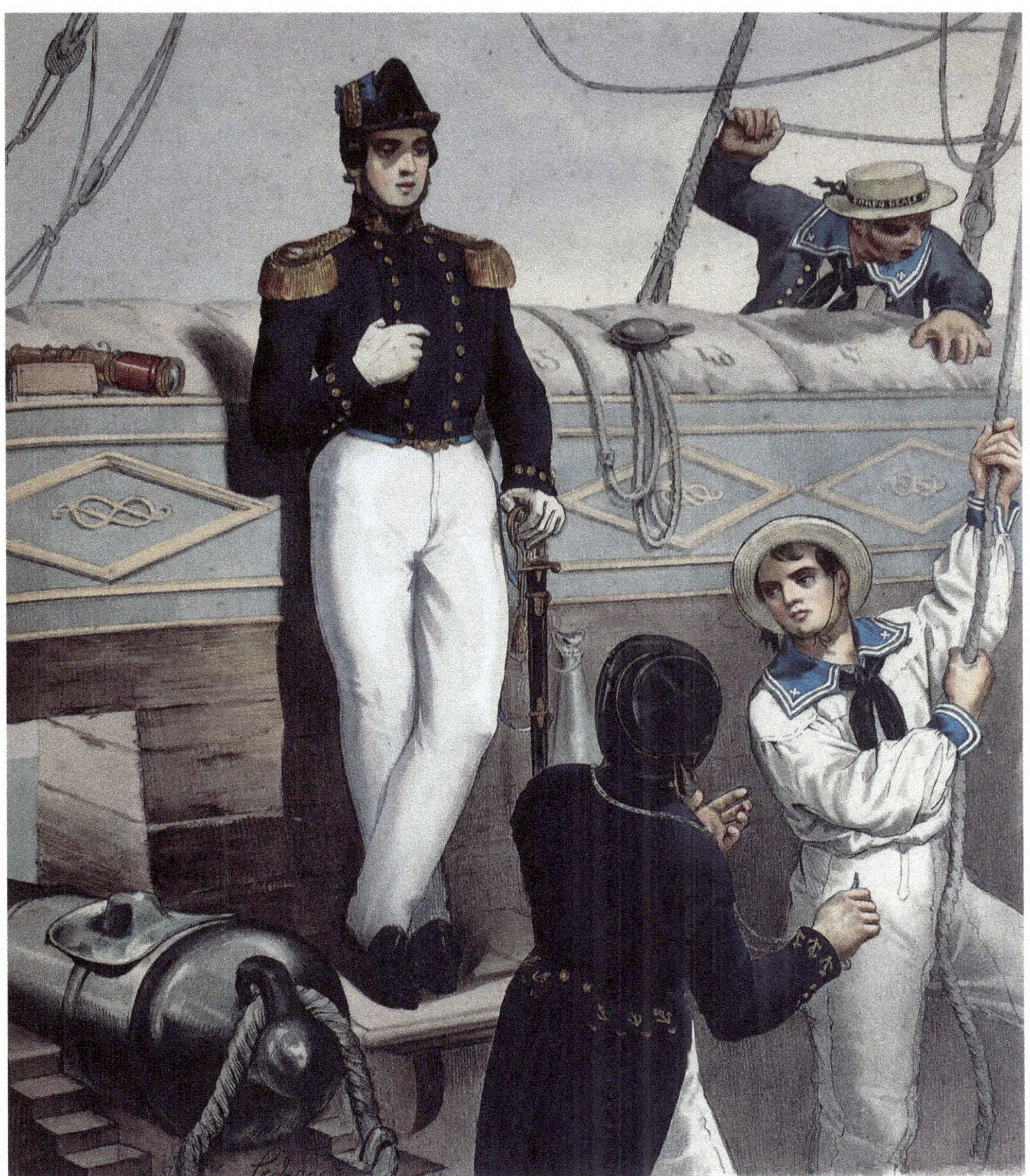


Pedrone fece — Sotto tenete di vascello — Marinaio — Litogr. J.Junck in Torino

CORPO DELLA REAL MARINA

Nº 21

Piccola tenuta　　Ufficiale dello Stato Maggiore　　Ufficiale Zappatori　　Litogr. J.Junck in Torino

CORPO REALE DEL GENIO

Nº 22

F.Gonin fec. Guardia Trombetta Litogr. J.Junck in Torino

GUARDIE DEL CORPO DI S.M.

N° 23

Pedron fec.1844 Comandante Guardia in grande tenuta Invalidi R.casa d'Asri Litogr. Doyen con perm.

STATO MAGGIORE DELLE PIAZZE, GUARDIE R.LI DEL PALAZZO, CORPO DEI VETERANI ED INVALIDI

N° 24

F.Gonin fec. fanteria ufficiale Litogr. J.Junck in Torino

CORPO DEI CARABINIERI REALI

N° 25

Pedrone fec. Ufficiale Litogr. J.Junck in Torino

CORPO DEI BERSAGLIERI

N° 26

Pedrone fec. Artigliere Ufficiale Soldato in gran tenuta Litogr. J.Junck in Torino

CORPO DELLA REAL MARINA

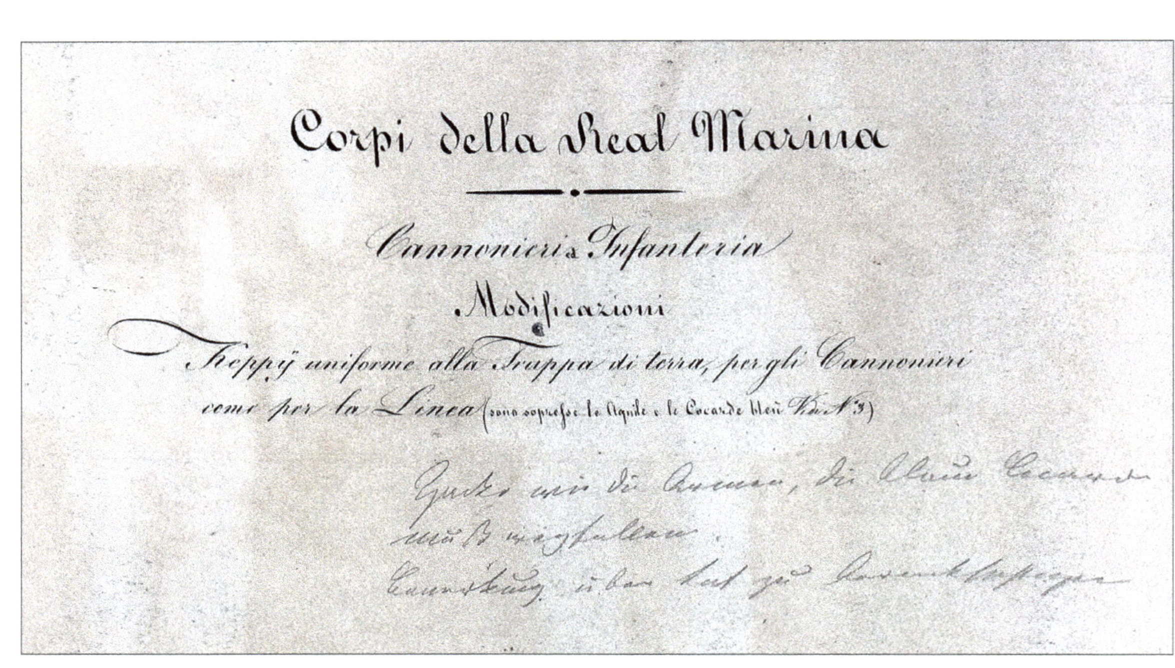

# Corpi della Real Marina

## Cannonieri e Infanteria

### Modificazioni

Keppy uniforme alla Truppa di terra, per gli Cannonieri come per la Linea (sono soppresse le Aquile e le Cocarde bleu Vedi N. 3)

[illegible] die [illegible] Cocarde muß wegfallen. [illegible]

# Corpo del Treno e Previanda

### Modificazioni

Keppy della forma adottata per tutta l'Armata ornate di pennacchino cadente, di crine rosso e nero.

(soppresse le Aquile e le Coccard bleu Vedi N. 8)

Cocarde ~~[illegible]~~ [illegible]

N° 27

Pedrone fec. Ufficiale Previanda Litogr. J. Junck in Torino

CORPO DEL TRENO

Nº 28

Pedrone fec.

Litogr. J.Junck in Torino

CAVALLEGGERI DI SARDEGNA

Nº 29

Pedrone fec. Cavalleggero con cappa Miliziano (costume sassarese) Litogr. Doyen con perm.

CAVALLEGGERI DI SARDEGNA E MILIZIANI

N° 30

Veterani (Furiere) Compagnie scelte Compagnie ordinarie Compagnie di rigore Litogr. J.Junck in Torino

CORPO DEI VETERANI ED INVALIDI BATTAGLIONE CACCIATORI FRANCHI

I PIEMONTESI

IN

CRIMEA

TORINO

presso l'Editore GIO. BATT. MAGGI

Provveditore di Stampe di S.M.

## INDICE DELLE TAVOLE

Nº 1

DOPO LA BATTAGLIA DELLA CERNAIA

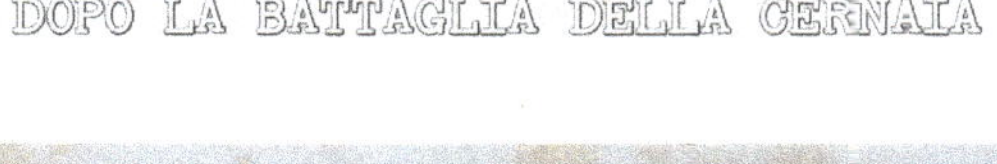

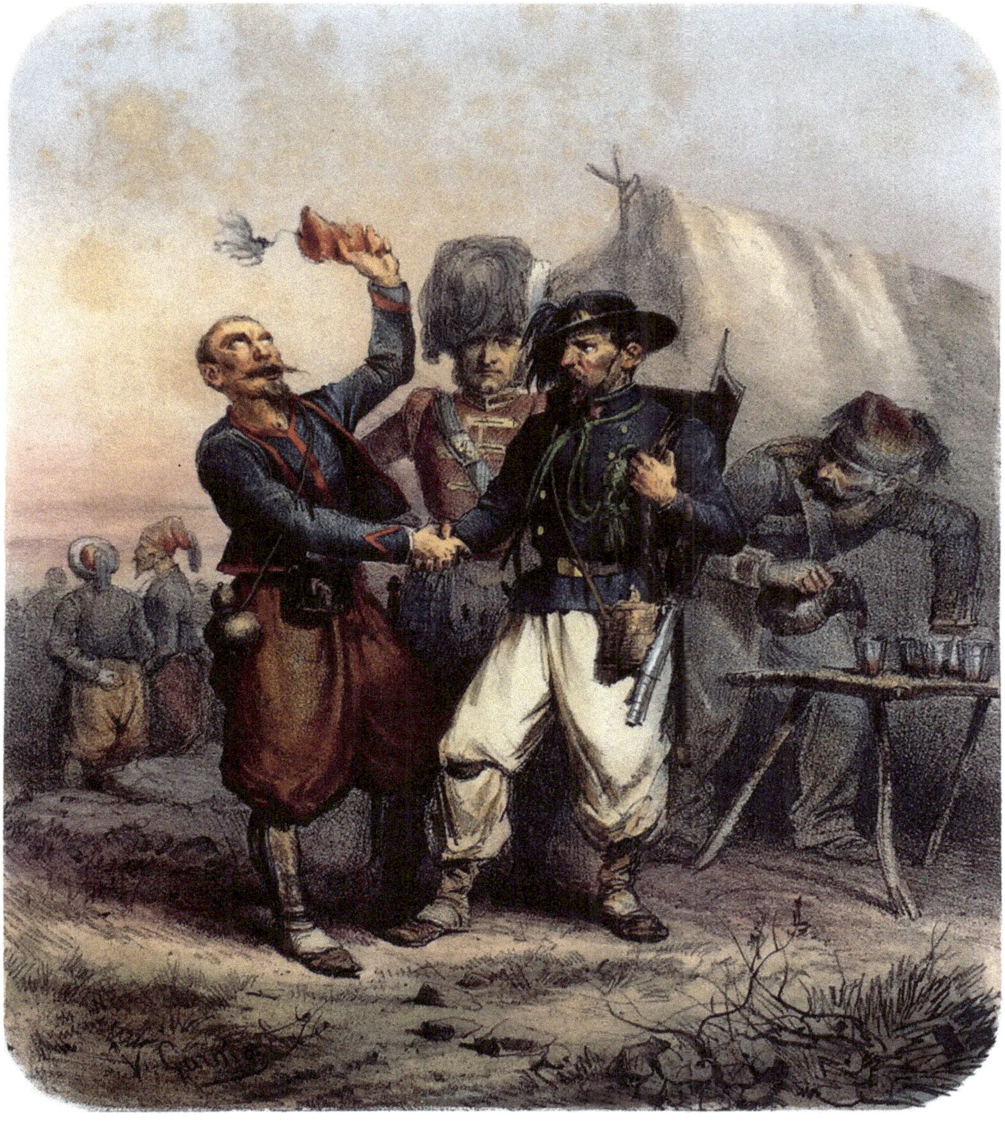

VIVE L'ALLIANCE ! VIVENT LES PIEMONTAIS!

CRIMEA

N° 2

ALFONSO LA MARMORA

COMANDANTE IL CORPO SARDO IN CRIMEA

CRIMEA

N° 3

DOCE SONO ANDATI I VOSTRI SOLDATI ?

MANOVRA DURANTE UNA RICOGNIZIONE DEI BERSAGLIERI

CRIMEA

N° 4

CURAGI FIEUI! LASSEVE NEN PASSÈ D'NANS DAI ZUAVI!

SOTTOTENENTE PREVIGNANO

N° 5

IL GENERALE MONTEVECCHIO IL 16 AGOSTO 1855

ALLA CERNAIA

N° 6

IL LUOGOTENENTE CELESTINO ROSSI

CON UN CALCIO SPINGENDO FUORI DELLO SPALLEGIAMENTO UNA GRANATA, SALVA I SUOI ARTIGLIERI DA UN PERICOLO IMMINENTE

ALLA CERNAIA

N° 7

IL TAMBURINO CARLO MARLETTI

BENCHÈ FERITO SI BATTE A SASSATE

ALLA CERNAIA

N° 8

IL CAPORALE TROMBETTIERE FRANCESCO REBAUDENGO

RACCOLSE IL SUO CAPITANO (GARRONE) FERITO LO TRASPORTÒ SULLE PROPRIE SPALLE ALL'AMBULANZA
E RAGGIUNSE TOSTO LA SUA COMPAGNIA PRENDENDO PARTE VALOROSAMENTE AL COMBATTOMENTO DELLA GIORNATA

## ALLA CERNAIA

Nº 9

### IL CANNONIERE ANTONIO GUAZ

DOVENDO LA SESSIONE FARE UN MOVIMENTO DI TROTTO SENZA CASSONI, ED ESSENDO IN PIÙ DEI POSTI SUL COFANO DELL'AVANTRENO MALGRADO GLI VENISSE ORDINATO DI SEGUIRE AL PASSO, IMPUGNA UNA MANIGLIA DEL PEZZO LO SEGUE AL TROTTO FINCHÈ GLI RIUSCI DI SALIRVI DICENDO: UN CANNONIERE NON DEVE MAI ABBANDONARE IL SUO PEZZO

Nº 10

# ALLA CERNAIA

IL SOTTOTENENTE DE ANDREIS

ALLA CERNAIA

N° 11

SERGENTE SCAPARRO

FU UNO DEGLI ULTIMI CHE OSTINATAMENTE DIFENDEVANO IL TRINCERAMENTO
DOCE FU FERITO GRAVEMENTE DA UN COLPO DI BAIONETTA

ALLA CERNAIA

N° 12

IL SERGENTE EMANUEL GIUSEPPE

DEL 10° REGGIMENTO ESSENDO STATO FERITO PER PRIMO, ANIMÒ IL BATTAGLIONE GRIDANDO RIPETUTAMENTE VIVA IL RE, GRIDO CHE FU RIPETUTO DA TUTTO IL BATTAGLIONE

CRIMEA

N° 13

IL LUOGOTENENTE MICHELE BIGGINI

DEL 15° REGGIMENTO FANTERIA, COLPITO DI FERITA MORTALE. INCORAGGIÒ E DIRESSE ANCORA I SUOI AD UN OSTINATO COMBATTIMENTO

CRIMEA

N° 14

IL SERGENTE VENTURINO CASIMIRO E IL CAPORALE POMATI VALENTINO

DEL 10° REGGIMENTO FANTERIA, FERITI GRAVEMENTE RIMASERO AL LORO POSTO CONTINUANDO A COMBATTERE

CRIMEA

N° 15

IL CANNONIERE PASQUALE FRASCAROLI

FERITO NON ABBANDONÒ IL SUO POSTO SE NO INDOTTOVI DAL COMNADANTE DELLA SEZIONE E DOPO AVER DETTO CON MOLTA TRANQUILLITÀ PAROLE DI INCORAGGIAMENTO AI SUOI COMPAGNI

CRIMEA

N° 16

CAPITANO EMANUELE CHIABRERA

SI DISTINSE IN TUTTO IL TEMPO DEL COMBATTIMENTO, E FU RIMARCATA RIPETUTAMENTE L'OSTINAZIONE CON CUI SOSTENNE LA RITIRATA DEL BATTAGLIONE, DISPUTANDO IL TERRENO AL NEMICO SUL MONTE ZIG-ZAG

CRIMEA

N° 17

SOLDATO GIOVANNI SASSU RUDA DEL 10° REGG.

ESSENDO FERITO VOLLE RIMANERE AL SUO POSTO, QUANTUNQUE INVITATO DALL'UFFCIALE A RITIRARSI E SI DISTINSE GLORIOSAMENTE.

CRIMEA

N° 18

LUOGOTENENTE CARLO ROASENDA DEL 17° REGG.

QUANTUNQUE ESTENUATO DI FORZE DA LUNGA MALATTIA E QUINDI GIÀ DESTINATO AL RIENTRO IN PIEMONTE VOLLE SEGUIRE IL BATTAGLIONE SOSTENENDOSI CON SFORZI ESTREMI E COMPORTANDOSI DEGNAMENTE

CRIMEA

N° 19

SERGENTE GIACOMO FERRALASCO E I SOLDATI G.PESCIVALE E G.SEMINO DEL 16° REGG

DOPO ESSERSI SPINTI PIÙ VOLTE AD ASSALIRE IL NEMICO ALLA BAIONETTA FURONO GLI ULTIMI A RITIRARSI

CRIMEA

N° 20

VEDUTA DELLA VALLE DELLA CERNAIA

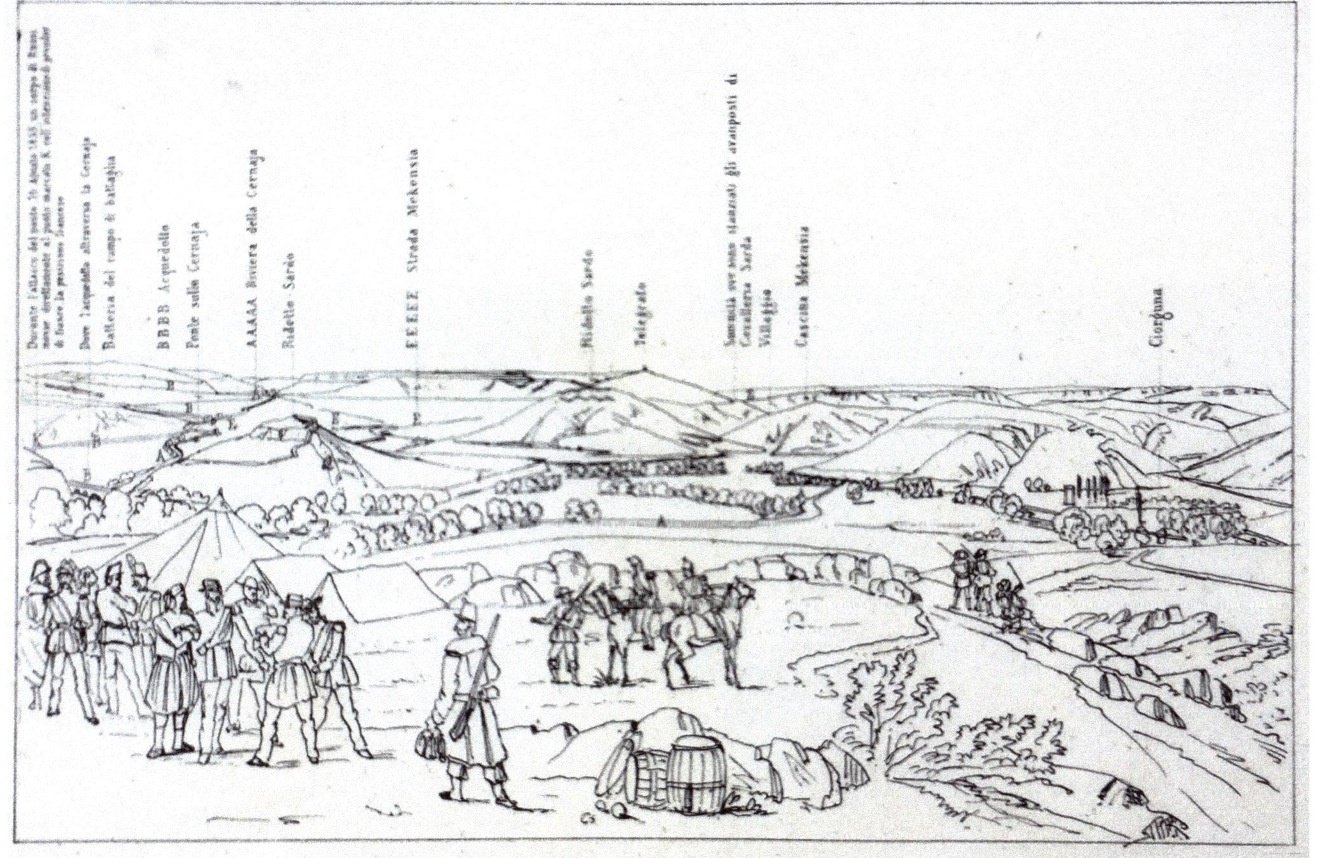
Durante l'attacco del ponte 16 Agosto 1855 un corpo di Russi mosse direttamente al punto marcato K. coll'intendimento prender di fianco la posizione francese
Dove l'acquedotto attraversa la Cernaja
Batteria del campo di battaglia
BBBB Acquedotto
Ponte sulla Cernaja
AAAAA Riviera della Cernaja
Ridotto Sardo
EEEEE Strada Mekensia
Ridotto Sardo
Telegrafo
Sommità ove sono stanziati gli avamposti di Cavalleria Sarda
Villaggio
Cascina Mekensia
Ciorguna

SPIEGAZIONE DELLA TAVOLA 20

# SOLDIERS, WEAPONS & UNIFORMS ALREADY PUBLISHED
(SOME TITLES)

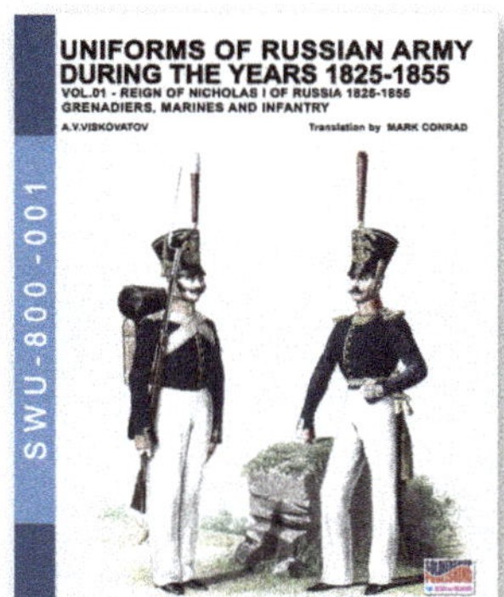

UNIFORMS OF RUSSIAN ARMY DURING THE YEARS 1825-1855
VOL.01 - REIGN OF NICHOLAS I OF RUSSIA 1825-1855
GRENADIERS, MARINES AND INFANTRY
A.V.VISKOVATOV
Translation by MARK CONRAD
SWU-800-001


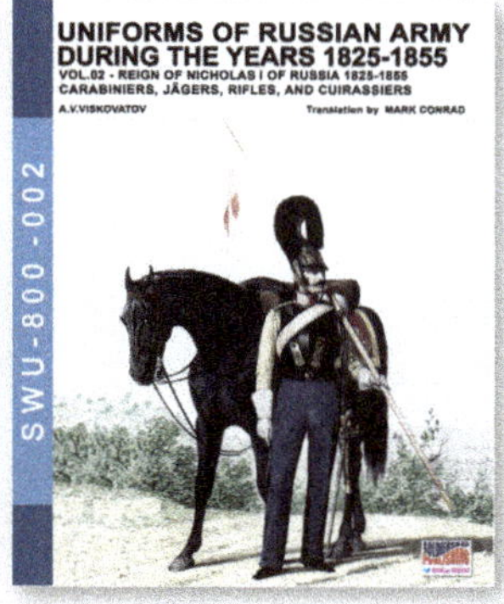

UNIFORMS OF RUSSIAN ARMY DURING THE YEARS 1825-1855
VOL.02 - REIGN OF NICHOLAS I OF RUSSIA 1825-1855
CARABINIERS, JÄGERS, RIFLES, AND CUIRASSIERS
A.V.VISKOVATOV
Translation by MARK CONRAD
SWU-800-002


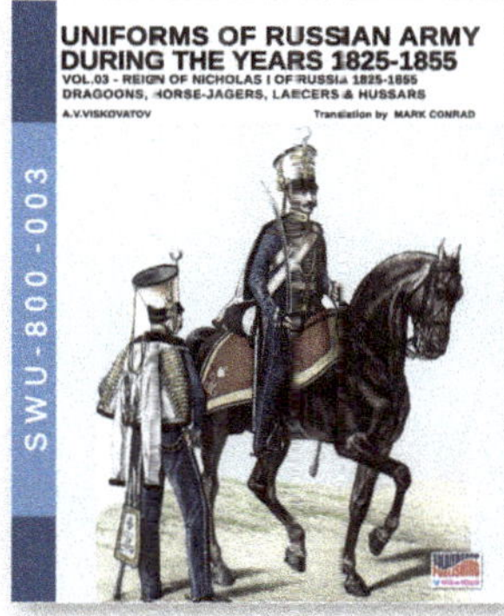

UNIFORMS OF RUSSIAN ARMY DURING THE YEARS 1825-1855
A.V.VISKOVATOV
Translation by MARK CONRAD
SWU-800-003

UNIFORMS OF RUSSIAN ARMY DURING THE YEARS 1825-1855
VOL.04 - REIGN OF NICHOLAS I OF RUSSIA 1825-1855
GENDARMES, TRAIN, ARTILLERY, SAPPERS & PIONEERS
A.V.VISKOVATOV
Translation by MARK CONRAD
SWU-800-004

UNIFORMS OF RUSSIAN ARMY DURING THE YEARS 1825-1855
VOL.05 - REIGN OF NICHOLAS I OF RUSSIA 1825-1855
ENGINEERS, GENERAL STAFF, GARRISON AND OTHERS
A.V.VISKOVATOV
Translation by MARK CONRAD
SWU-800-005

UNIFORMS OF RUSSIAN ARMY DURING THE YEARS 1825-1855
VOL.06 - REIGN OF NICHOLAS I OF RUSSIA 1825-1855
INVALID, GARRISON ARSENAL AND OTHERS
A.V.VISKOVATOV
Translation by MARK CONRAD
SWU-800-006


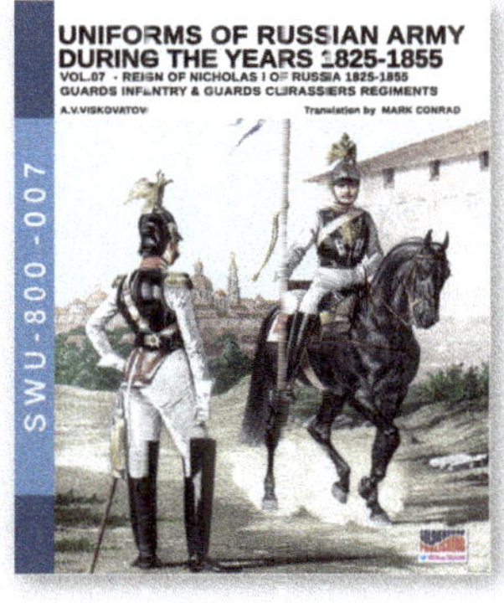

UNIFORMS OF RUSSIAN ARMY DURING THE YEARS 1825-1855
A.V.VISKOVATOV
Translation by MARK CONRAD
SWU-800-007


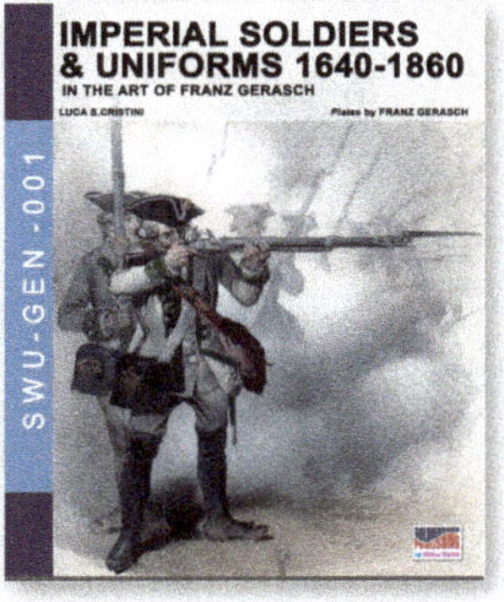

IMPERIAL SOLDIERS & UNIFORMS 1640-1860
IN THE ART OF FRANZ GERASCH
LUCA S.CRISTINI
Plates by FRANZ GERASCH
SWU-GEN-001


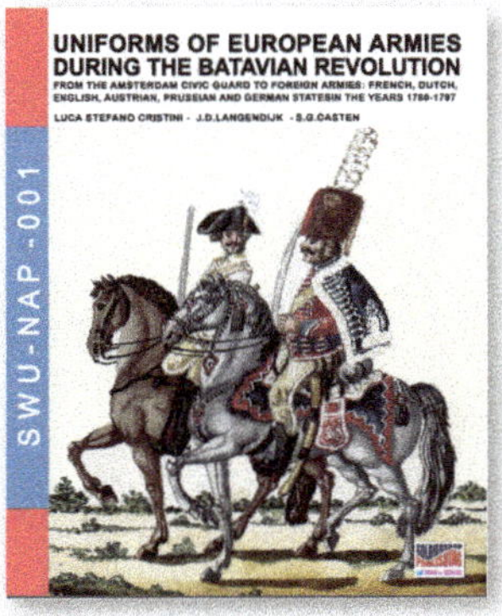

UNIFORMS OF EUROPEAN ARMIES DURING THE BATAVIAN REVOLUTION
LUCA STEFANO CRISTINI
SWU-NAP-001


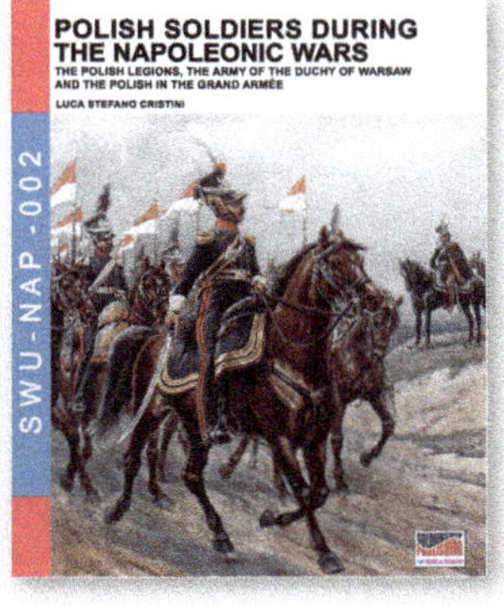

POLISH SOLDIERS DURING THE NAPOLEONIC WARS
LUCA STEFANO CRISTINI
SWU-NAP-002


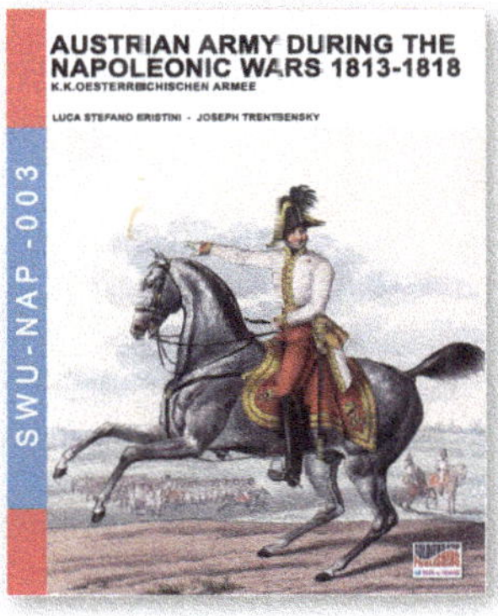

AUSTRIAN ARMY DURING THE NAPOLEONIC WARS 1813-1818
K.K.OESTERREICHISCHEN ARMEE
SWU-NAP-003

UNIFORMS OF RUSSIAN ARMY DURING THE NAPOLEONIC WAR
VOL. 22 - REIGN OF ALEXANDER I OF RUSSIA 1801-1825
IRREGULAR TROOPS AND TEMPORARY FORCES 2ND PART
A.V.VISKOVATOV
Translation by MARK CONRAD
SWU-NAP-027


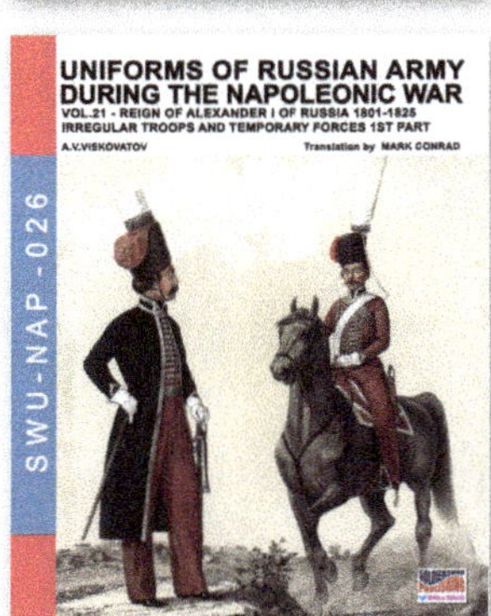

UNIFORMS OF RUSSIAN ARMY DURING THE NAPOLEONIC WAR
VOL.21 - REIGN OF ALEXANDER I OF RUSSIA 1801-1825
IRREGULAR TROOPS AND TEMPORARY FORCES 1ST PART
A.V.VISKOVATOV
Translation by MARK CONRAD
SWU-NAP-026

UNIFORMS OF RUSSIAN ARMY DURING THE NAPOLEONIC WAR
VOL.20 - REIGN OF ALEXANDER I OF RUSSIA 1801-1825
MILITARY EDUCATIONAL INSTITUTIONS, FLAGS & STANDARDS
A.V.VISKOVATOV
Translation by MARK CONRAD
SWU-NAP-025


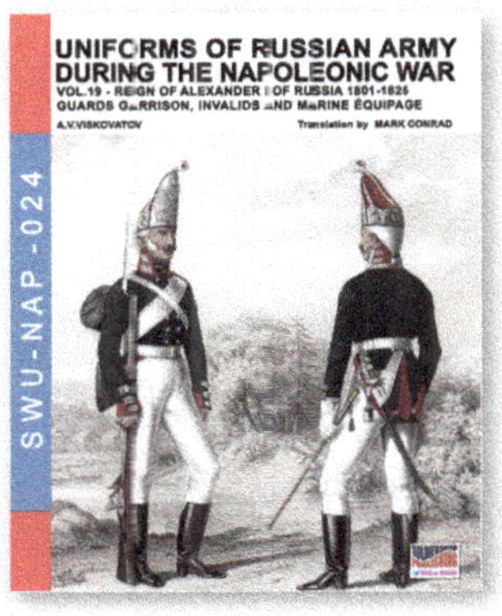

UNIFORMS OF RUSSIAN ARMY DURING THE NAPOLEONIC WAR
A.V.VISKOVATOV
Translation by MARK CONRAD
SWU-NAP-024


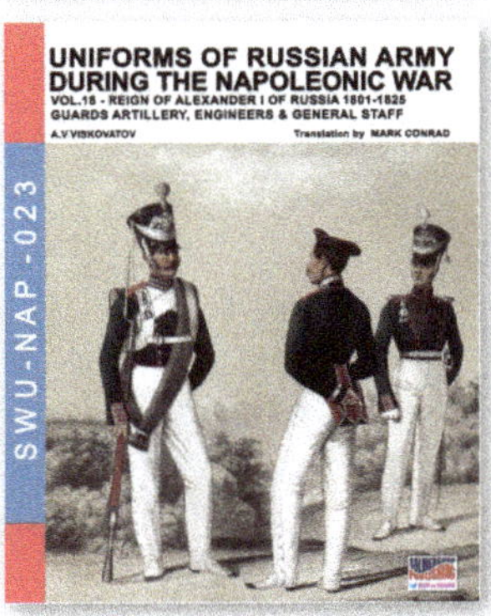

UNIFORMS OF RUSSIAN ARMY DURING THE NAPOLEONIC WAR
VOL.18 - REIGN OF ALEXANDER I OF RUSSIA 1801-1825
GUARDS ARTILLERY, ENGINEERS & GENERAL STAFF
A.V.VISKOVATOV
Translation by MARK CONRAD
SWU-NAP-023

CRI STI NI
ED ITO RE
SOLDIERSHOP
PUBLISHING
BOOK on DEMAND

www.ingramcontent.com/pod-product-compliance
Lightning Source LLC
Chambersburg PA
CBHW041146120626
46547CB00020B/3130

* 9 7 8 8 8 9 3 2 7 4 3 2 6 *